主　编：陈　恒

光启文库

光启通识

光启随笔　光启讲坛　光启学术　光启读本

光启通识　光启译丛　光启口述　光启青年

主　编：陈　恒

学术支持：上海师范大学光启国际学者中心

策划统筹：鲍静静

责任编辑：秦　原

中华传统礼制

汤勤福 著

光启文库

陈恒 主编

商务印书馆
The Commercial Press
创于1897

图书在版编目（CIP）数据

中华传统礼制 / 汤勤福著. — 北京 : 商务印书馆, 2024
（光启文库）
ISBN 978 - 7 - 100 - 23547 - 1

Ⅰ. ①中…　Ⅱ. ①汤…　Ⅲ. ①礼仪 — 制度 — 研究 — 中国 — 古代　Ⅳ. ①K892.9

中国国家版本馆 CIP 数据核字（2024）第056967号

中 华 传 统 礼 制

汤勤福 著

商 务 印 书 馆 出 版
（北京王府井大街36号　邮政编码 100710）
商 务 印 书 馆 发 行
徐 州 绪 权 印 刷 有 限 公 司 印 刷
ISBN　978 - 7 - 100 - 23547 - 1

2024年9月第1版　　开本 889×1194　1/32
2024年9月第1次印刷　　印张 6⅝

定价：52.00元

出版前言

梁启超在《清代学术概论》中认为，“自明徐光启、李之藻等广译算学、天文、水利诸书，为欧籍入中国之始，前清学术，颇蒙其影响”。梁任公把以徐光启（1562—1633）为代表追求“西学”的学术思潮，看作中国近代思想的开端。自徐光启以降数代学人，立足中华文化，承续学术传统，致力中西交流，展开文明互鉴，在江南地区开创出海纳百川的新局面，也遥遥开启了上海作为近现代东西交流、学术出版的中心地位。有鉴于此，我们秉承徐光启的精神遗产，发扬其经世致用、开放交流的学术理念，创设“光启文库”。

文库分光启随笔、光启学术、光启通识、光启讲坛、光启读本、光启译丛、光启口述、光启青年等系列。文库致力于构筑优秀学术人才集聚的高地、思想自由交流碰撞的平台，展示当代学术研究的成果，大力引介国外学术精品。如此，我们既可在自身文化中汲取养分，又能以高水准的海外成果丰富中华文化的内涵。

文库推重“经世致用”，即注重文化的学术性和实用性，既促进学术价值的彰显，又推动现实关怀的呈现。文库以学术为第一要义，所选著作务求思想深刻、视角新颖、学养深厚；同时也注重实用，收录学术性与普及性皆佳、研究性与教学性兼顾、传承性与创新性俱备的优秀著作。以此，关注并回应重要时代议题与思想命题，推动中华文化的创造性转化与创新性发展，在与国外学术的交流对话中，努力打造和呈现具有中国特色的价值观念、思想文化及话语体系，为夯实文化软实力的根基贡献绵薄之力。

文库推动“东西交流”，即注重文化的引入与输出，促进双向的碰撞与沟通，既借鉴西方文化，也传播中国声音，并希冀在交流中催生更绚烂的精神成果。文库着力收录西方古今智慧经典和学术前沿成果，推动其在国内的译介与出版；同时也致力收录汉语世界优秀专著，促进其影响力的提升，发挥更大的文化效用；此外，还将整理汇编海内外学者具有学术性、思想性的随笔、讲演、访谈等，建构思想操练和精神对话的空间。

我们深知，无论是推动文化的经世致用，还是促进思想的东西交流，本文库所能贡献的仅为涓埃之力。但若能成为一脉细流，汇入中华文化发展与复兴的时代潮流，便正是秉承光启精神，不负历史使命之职。

文库创建伊始，事务千头万绪，未来也任重道远。本文库涵盖文学、历史、哲学、艺术、宗教、民俗等诸多人文学科，需要不同学科背景的学者通力合作。本文库综合著、译、编于一体，也需要多方助力协调。总之，文库的顺利推进绝非仅靠一己之力所能达成，实需相关机构、学者的鼎力襄助。谨此就教于大方之家，并致诚挚谢意。

清代学者阮元曾高度评价徐光启的贡献，“自利玛窦东来，得其天文数学之传者，光启为最深。……近今言甄明西学者，必称光启”。追慕先贤，知往鉴今，希望通过“光启文库”的工作，搭建东西文化会通的坚实平台，矗起当代中国学术高原的瞩目高峰，以学术的方式阐释中国、理解世界，让阅读与思索弥漫于我们的精神家园。

上海师范大学光启国际学者中心

2024 年 5 月

目录

前　言

中华传统礼制成长于古代中国，其生长土壤是农业文明，那么它能否适应现代社会或说工业文明时代？或者说它在当今社会有没有价值与作用？

答案是肯定的。承认中华传统礼制在当今社会有价值与作用，是基于理性地看待中华传统礼制的历史价值与当代作用，既不是抱残守缺，也不是良莠不辨。我们应该正确判断中华传统礼制中哪些是适应当代社会的因素，哪些是可以在改换、变化后能适应当代社会的因素，而哪些确实是落后于时代而应该淘汰的因素。如果不能清晰地了解它的局限与糟粕，那么其对社会的不良影响就会凸现，从而使民众不明就里、迷失方向，就会影响到社会的安宁和国家的发展，甚至导致中华传统礼制乃至中华文化的整体衰落。

我们需要的是在世界文化的舞台上展现中华传统礼制的良风

美俗，不是展示那些古代沿袭下来的奇习恶俗；我们应该展现中华传统礼制的内涵与实质，而不是展示外表与形式。有没有勇气抛弃中华传统礼制中落后、腐朽、反动的内容，是不是真正批判性地审视中华传统礼制，是衡量接纳中华传统文化动机的试金石。

中华传统礼制内在的精神实质是礼义，强调礼对个人道德升华的内在价值，而绝不是《宋史》号称的“进退周旋，威仪抑抑”之礼仪。其实，仅仅强调礼仪是很不够的，因为即使完全恢复古代一整套礼仪也不可能对社会进步起到什么作用，更不会获得世界诸民族文化的尊重与吸纳。只有阐扬古代礼制中的礼义，才是真正光大中华传统文化精华的正确途径。其实在古代中国，礼制不仅仅是一种国家法律、社会规范、道德修养，实际上深深隐藏在礼仪背后的礼义已成为一种凝聚人心、安定社会、被广大的各族民众认可的生活方式与生活态度，是中华先人的生命经验和生存智慧。它是一种文化软实力，曾经起到形塑中华民族为礼义之邦形象、长期维护稳定并推进社会发展的重要作用，而且它可以为当今社会服务，促进中华民族长久地发展。

然而无须讳言，中华传统礼制是以维护贵贱等级、专制制度为基本准则的，所有礼仪都建筑在等级制度之上，这与当今提倡的公民平等、社会信念自由格格不入。因而要使中华传统礼制在当今社会发挥效用，只有冲破等级制度这一樊篱，批判其专制恶行，在扬弃过程中吸纳其尊重人格平等、展示礼义对个人道德升华的内在价值，发掘它对建设和谐社会秩序和安宁环境的功效，探讨其对世界和平与经济发展的作用，才能真正使中华传统礼制在当今多元世界这一历史条件下获得涅槃，重新展示自己的风采与魅力，在世界多元文化交融中不迷失方向，最终赢得世界各国、各民族对它的认同与尊重。

因此，我们承认中华传统礼制在当今社会是具有价值与作用，但同时强调需要进一步梳理其精华与糟粕，以期中华传统礼制能起“质”的变化而服务于当今社会。实际上，在当今世界科技日新月异、经济建设快速发展、文化交流日益深入之时，多元世界如何交流、交融与发展，是各国、各个民族共同面临的现实问题，谁也回避不了。我们无须惊惶悲观或自怨自艾，更不可自残民族文化之根！

近年来，中华传统礼制的研究取得长足发展，既有综合性的中华传统礼制史研究，也有深入的断代礼制史研究，在中华传统礼制与社会控制、礼制与国家安定强盛、礼制与民众道德养成关系等方面也多有成果，具体礼制问题的研究更是有突破性的发展。我们必须承认，这一切“是什么”确实都是需要深入研究的，但仅把这些叙述清楚是远远不够的，中华传统礼制研究还需要进一步研究更多的“为什么”，即研究为什么中华传统礼制会不断演化？它的演化规律与阶段如何归纳与确定？作为世界文明的重要遗产之一的中华传统礼制在当今多元世界的地位究竟如何？基于集权专制政体之上的中华传统礼制为什么能够为现代服务？如何服务？诸如此类的问题，确实需要花力气去研究与解决，以利我们正确地认识中华传统礼制的历史作用、历史地位、传承价值和今后发展趋向。

第一章
礼制初阶

《尚书·酒诰》："越在外服，侯、甸、男、卫、邦伯；越在内服，百僚、庶尹、惟亚、惟服、宗工，越百姓里居。"

《礼记·郊特牲》："治国不以礼，犹无耜而耕也；为礼不本于义，犹耕而弗种也。"

《礼记·郊特牲》："礼之所尊，尊其义也。"

一　礼、礼俗与礼制

什么是礼？学界有很多不同的定义，没有统一的看法。实际上，对礼下定义，首先要区分开礼、礼俗、礼仪、礼制诸概念，只有区分开了，才能准确定义。

礼运用于人际关系，不是中国专有的，在世界各国都存在，只是由于各国发展的情况不同，故而各国之礼会产生不同。

自从世界上有了人，便有了人际交往；有交往就需要有一定的规范（或称准则）。这种人际交往的规范便是礼。人类之初，生存于山川之间，渔猎采集是他们生存的必需，受惠于山川，由此出现对山川之神进行感恩的某种仪式，祈祷它们保佑。同时由于科学知识极为有限，他们对许多自然现象无法解释，于是畏惧某些自然力（如山崩、地裂、雷电、洪水等），以为它们是神而进行膜拜。无论是感恩还是膜拜，都有一定仪式，表示人与神之间的关系。因此，礼作为人类社会特有的一种社会现象，是表示人与人、人与神之间关系的，与人类历史一样长远。也就是说，礼最初不是制度，而是人类的一种原始习俗（或称习惯）。这种原初习俗广泛地存在于世界各民族之中，因此可以称之为原始礼俗。

图1　台湾阿里山受祭祀的神木

随着人类进入较高的文明阶段，出现了权力机构（如族群、族群联盟、国家），那种原始礼俗就会按照当时特定的社会状况而被仪式化、制度化，于是出现了礼制。所谓“礼成于俗”便是指这种情况。礼制一体两面，从物质形式上说是礼仪，从精神内容上说是礼义，不同时段、不同之人对礼义的理解是不一样的。

但可以肯定的是，人类早期所行用的礼俗是不存在等级观念的，一旦这种礼俗演化为礼制，那么就出现了等级观念，有了“阶级”属性。当然，并不是所有礼俗都会被统治阶级纳入礼制的，只有那些他们认为需要的礼俗才会不断被纳入礼制。礼制、礼俗之间是存在着转化问题的，礼俗可转化为礼制，礼制也会转化为礼俗。从中国历史上来看，在民间流传的礼俗，有可能被国家禁止；当然，在礼制演化的过程中，一些原来列入礼制的内容也会被淘汰出局，有些甚至会重新返回礼俗层面。例如寒食原是祭祀介子推的民间礼俗，出现的确切时间难以考证，最早的正史记载是《史记》，至少在东汉还被认为是恶俗，明令禁止，这在《后汉书·周处传》中有明确记载。唐人杜佑《通典》称唐玄宗时才正式纳入国家礼典，实际并不正确，因为《唐会要·节日》中已经载有太宗贞观末年诏文。虽然不能确定寒食礼进入国家礼制的准确时间，但它从被禁止的民间礼俗转而进入国家礼制体系，说明礼俗有可能被国家接纳而成为国家规范祭典的礼仪。这是礼俗转化为国家礼仪。又如在古代中国，祭祀五岳四渎等名山大川是很多王朝的礼制规定，这一祭祀仪式随着清王朝灭亡已经寿终正寝，但一些山区各族民众至今仍保持祭山礼俗。再如求子的高禖礼早已退出历史舞台，但至今作为一种求子习俗，仍在民间传承。祭灶也是古代礼典必有之礼仪，而今许多农村及部分城镇仍流行此礼俗。这都证明国家礼制中的部分内容是可以转化为民间礼俗的。

无论是国家礼制还是民间礼俗，都有一定仪式，这便是礼仪。在行用礼仪之时，还会配用一定器物，这是礼器。有些时候还有特定的服饰，即礼服。行用礼仪有一定的肢体动作和面容表情，这便是礼容。当然，国家祭典与民间祭祀无论是在礼仪还是在礼器上，都是有很大区别的。国家祭典更加规范化，对所有祭典的仪式有严格的等级规定和繁琐的礼仪形式。在古代中国，各种祭典会根据祭祀对象不同而设定礼仪的等级，许多王朝分祭祀为大祀、中祀和小祀三类，其祭器多寡、祭品种类都有不同。当然，祭祀对象有可能会有升降，即从大祀下降到中、小祀，而中、小祀自然也可能上升到大祀。同时，即使同一施礼对象，在不同时期享用的礼遇也会有变化。而民间礼俗更是会因地而异、因事而异，既不讲等级，也没有严格的规范，所谓“百里不同风，千里不同俗”正是说明民间礼俗的特点。

二　传统礼制与中华民族

数千年来，中华传统礼制是中华民族一直行用的制度。这一礼制是各族人民共同创造、共同认同、共同传承的，因此它与中华民族的形成与壮大的历史紧密联结，相辅相成。

历史悠久的中华民族，在其发展、壮大过程中，中华传统礼制从未缺位。中华各族先民之间的交流一直存在，在和好交往过程中，各族礼仪的互相影响、互相促进是必然的现象。当然，民族交往过程中也会产生许多矛盾，乃至激烈的争斗，实际上，这些争斗同样也会促成双方文化和礼仪的交融。就各族礼制交融，在四个时期表现比较突出。一是先秦时期，华夏族逐渐形成，吸纳了诸多异族礼仪因素。二是魏晋南北朝时期，汉族与进入中原地区的北方少数民族、汉族与东南地区少数民族之间争斗激烈，同时形成较为深入的互动与交流，导致诸族礼制交融。三是唐宋时期，表现为大唐主动吸收外族礼仪，形成体大思精的礼制体系，奠定了后世王朝礼制发展的基本框架，北方辽金则不同程度地吸收汉族五礼体系，逐渐融入汉族文化圈。四是元明清时期，元朝较多保留本民族礼仪，对汉式礼仪的吸收有抵触情绪，形成比较独特的礼制体系。明代号称革尽胡礼而恢复汉式礼仪，矫枉过正。清代在礼制发展过程中，总体上是纳入汉式五礼系统，但舆服与堂子祭祀等方面保留较多满族的某些礼仪。

下面大致以时代先后为序来举例说明各族礼仪交融的情况。

先以早期农耕文明时代为例。原产于江浙一带良渚文化的祭祀礼器玉琮，在四川三星堆遗址、广州甘草岭遗址、山西陶寺遗址、陕西宝鸡吴山遗址等地均有发现。战国时，《周礼·考工记》明确记载："大琮十有二寸，射四寸，厚寸"，显然原属"东夷"的良渚礼器玉琮陆续被各地采纳，至少到战国已被写入儒家礼书之中，成为汉式礼仪的标准祭器。其实在夏朝之前，以族群为核心生活在各地的民众礼仪不尽相同，但在他们之间交往与争斗过程中，会相互吸收对方的一些礼仪。在考古发掘中，可以发现不同时期、不同区域墓葬中礼器无论是种类还是纹饰都存在相互吸收的情况，显然这都是不同族群礼仪相互交融与发展的例证。

当然，在中国早期文明的形成进程中，随着生产力的发展，有了一定的剩余产品，或说积累了一些财富，因而为了掠夺财富和争取生存空间，出现了战争与暴力征服。传说中的五帝时代，战争很频繁，徐旭生《中国古史的传说时代》归纳为华夏集团与东夷集团的战争、华夏集团与苗蛮集团的战争这两大阶段。这些族群之间的战争，最终导致其他族群部分融入华夏族之中的趋势，同时也把他们的礼仪贡献给华夏族。

据《史记》记载，吴太伯是周太王之子，因主动让位“乃犇荆蛮，文身断发，示不可用，以避季历。季历果立，是为王季，而昌为文王。太伯之犇荆蛮，自号句吴。荆蛮义之，从而归之千余家，立为吴太伯”。可见吴太伯原属周族，奔荆蛮而“文身断发”，效法蛮族并融入他们之中，至其十九世孙寿梦称王。尽管太伯会向蛮族传授一些中原礼仪，但太伯不会也没有完全改变蛮族礼仪，因为到寿梦时仍被称为“夷蛮”，说明其国礼仪当是华夏与夷蛮的混融形式。

在春秋战国时期，华夏族与其他各族交往日趋频繁，交往必然会产生礼仪的交融。南方楚国被中原国家称之荆蛮，礼仪与中原有所不同，但在与中原交往或交战中吸收不少中原诸国礼仪，如丧葬礼、盟会礼等等，楚还祭过泰山。杨华《楚地水神研究》中指出，水神玄冥原是中原地区的祭祀对象，但后来楚也祭玄冥，可见吸收了中原祭祀的内容。招魂原是楚地丧葬礼中在人咽气之前的一种仪节，《楚辞》中《招魂》篇即是明证。《礼记·檀弓》有“丧礼，哀戚之至也。节哀，顺变也，君子念始之者也。复，尽爱之道也，有祷祠之心焉”，此“复”需“升屋而号”，即招魂仪节，显然吸收了楚地招魂仪节。又，春秋时期大多采用车战，因此军礼中有轼礼，而赵武灵王胡服骑射，吸收了少数民族的服饰和军事技术，正由于舆服与战具的改变，那么轼礼也就无法行用。尽管史书中没有留下赵武灵王改革后军礼的具体行用仪节，但赵国军队肯定存在一种不同于轼礼的军礼。这是少数民族影响下的中原国家礼制变化的典型例证。王应麟《困学纪闻》称“楚有夏州，以夏变夷。卫有戎州，以夷变夏”，无论是以夷变夏，还是以夏变夷，都说明各族融合的景况，那么夷夏双方的礼仪交融也是必然的。

春秋战国诸民族礼仪交融还可以从考古中得到印证。据《左传》，公元前638年秦晋迁陆浑戎于伊川，迁入后的陆浑戎被授予子爵。现已发现洛阳伊川东周墓，M6墓主是50余岁的男子，胸前有金虎形挂饰，明显属少数民族丧葬礼仪。墓中还有形制各不相同的五鼎，或有盖圆鼎无纹饰，或无盖圆鼎饕餮纹。五鼎是西周以来规定的诸侯级贵族享用的礼仪，此墓主当为某一时期陆浑戎的诸侯。墓中还出土玉钺、玉璧、玉琮、玉璜等礼器，中原诸国有“君子比德于玉”之说，说明戎人已接受中原文化与礼仪，但五鼎形制不同则说明陆浑戎采用中原礼制的初期情况。

我们再以民族矛盾最激烈、民族融合最深入的魏晋南北朝为例。这一时期，北方各少数民族先后进入中原与汉族杂居，先后建立过一些少数民族政权。这些政权绝大多数逐渐向汉式礼仪靠拢，以采纳汉制的方式来统治国家，加速了民族融合的步伐。当然，也有些统治者倒行逆施，采用民族高压政策，甚至互相屠杀，这当然不利于民族融合，诸民族之间的礼仪也就不可能正常交融。

西晋八王之乱，中原民众饱受战乱之苦，受汉文化影响较深的刘渊趁机起事，建立以汉为名的国家，用以争取中原汉族士人和民众的支持，史载“远人归附者数万”。以汉为国名，行用一些汉式礼仪是必然的。刘渊死，国内政局混乱，各族民众反抗激烈。至刘渊族子刘曜称帝，迁都长安，此即前赵。刘曜笼络部分汉族士人，立太学、小学，召匈奴贵族和汉族官员子弟入学，“选朝贤宿儒明经笃学以教之”，其祭宗庙、葬皇后、皇室有家人之礼，可见汉式礼仪行用于前赵。

羯族石勒建立了后赵。据《晋书》，石勒立国伊始便“建社稷，立宗庙”，“郊祀宗庙皆以醴酒”，又下令“禁州郡诸祠堂非正典者皆除之，其能兴云致雨，有益于百姓者，郡县更为立祠堂，殖嘉树，准岳渎已下为差等”，“朝会常以天子礼乐飨其群下，威仪冠冕，从容可观……下书禁国人不听报嫂及在丧婚娶，其烧葬令如本俗”，可见后赵主要采取汉式礼仪，同时也保留一些少数民族礼仪。

据《晋书》，慕容廆于永嘉初自称鲜卑大单于，后降东晋受将军职，私自立郡统率辽左杂夷流人，起用汉族士人为谋主，其中“平原刘赞儒学该通，引为东庠祭酒，其世子皝率国胄束修受业焉”。史称皝“尚经学”，故慕容廆、慕容皝父子当受汉族影响颇深。咸康三年，慕容皝自称燕王，他曾立籍田于朝阳门东，置官司以主之，行饮至礼、行乡射礼，显然都是中原汉式礼仪，故他去世后，其子慕容儁追谥他为“文明皇帝”。前秦是氐人建立的政权，苻坚在位20年，更是中原汉式礼仪熏陶出来的帝王，史称“年七岁，聪敏好施，举止不逾规矩”，“性至孝，博学多才艺”，几乎是儒家优秀生的翻版。当上皇帝后，在汉族士人王猛的协助下，“修废职，继绝世，礼神祇，课农桑，立学校，鳏寡孤独高年不自存者，赐谷帛有差，其殊才异行、孝友忠义、德业可称者，令在所以闻”，又“起明堂，缮南北郊，郊祀其祖洪以配天，宗祀其伯健于明堂以配上帝。亲耕籍田，其妻苟氏亲蚕于近郊”，所行都是汉式礼仪。他声称“宰宁国以礼，治乱邦以法”，他赴太学，“问难五经，博士多不能对”，说明他对中华传统礼制已有相当造诣。苻坚用礼法两手来治理国家，与汉族帝王毫无二致。

鲜卑族建立的北魏，礼制改革也很典型。据《魏书》记载，道武帝拓跋珪复国，12年后起用汉人董谧，“撰朝觐、飨宴、郊庙、社稷之仪。六年，又诏有司制冠服，随品秩各有差”，但“时事未暇，多失古礼”，即当时采纳的礼仪虽为汉制，但与“正宗”的汉制有一定差异，仍带有某些少数民族因素。因此文成帝时，刁雍上表提出“修礼正乐，以光大圣之治”，文成帝诏令公卿集议，但文成帝不久去世，其事“遂寝”。文成帝未完成礼制变革，却在其孙孝文帝手中完成了。据《魏书》记载，孝文帝精于儒学，“《五经》之义，览之便讲，学不师受，探其精奥”，强调“营国之本，礼教为先”。孝文改制以太和十四年九月文明太后去世为界分为前后两大阶段，第一阶段以文明太后为主导，第二阶段则完全由孝文帝实施变革。文明太后崇尚儒家思想，已经对“未知古式，多违旧章”的董谧所制订礼仪提出批评，“故变时法，远遵古典”，礼制变革中有增太庙，“起明堂、辟雍”，行乡饮酒礼，立孔子庙于京师，祭孔，“祀山川群神及能兴云雨者，修饰祠堂，荐以牲璧”，三年丧制等汉式礼仪。不过，直到太和十二年仍行用少数民族的西郊祭天礼，可见还保留一些鲜卑族礼仪。该年“筑圆丘于南郊”，次年正月“车驾有事于圆丘”，即举行汉式南郊大礼，然未废西郊祭天。值得注意的是，孝文大量采纳汉式礼仪，加速了北魏的民族融合步伐。如文明太后去世，孝文行三年丧制，后又下令听任百官行此丧期。据称“天地、五郊、宗庙二分之礼，常必躬亲，不以寒暑为倦”，其他如经始明堂，改营太庙，“议养老，又议肆类上帝、禋于六宗之礼，帝亲临决”，亲定禘祫之礼，崇儒祭孔，幸皇宗学，亲问博士经义，养国老、庶老，行大射之礼，赐京邑老人鸠杖，籍田，祭前代帝王和圣贤，“行幸鲁城，亲祠孔子庙”，行饮至礼，祭方泽于河阴，等等，显然表明孝文帝对汉式礼仪极感兴趣并积极行用。尤其是太和十六年三月“省西郊郊天杂事”，去除了鲜卑旧礼仪，郊祀纯为汉式。需要补充的是，孝文帝迁都洛阳的礼制改革，正是在南朝萧齐王肃北奔之后，王肃为北魏的礼制改革起到了一定作用。如尚孝文之女济南长公主的卢道虔，“粗闲经史”，曾“难齐尚书令王俭《丧服集记》七十余条”，此《丧服集记》正是王肃带到北魏的。王肃是东晋王导之后，“自谓《礼》、《易》为长，亦未能通其大义”。太和十七年，其父及兄弟被北齐萧赜所杀，他自建业奔郧降魏。孝文帝对他“虚襟待之”。陈寅恪《隋唐制度渊源略论稿》认为，北奔的王肃与被俘的刘芳、崔光都对北魏的礼制建设做出了极大的贡献。

实际上，魏晋南北朝时期也有汉人融入少数民族，行用少数民族礼仪的情况。《魏书·蛮传》载孝文帝延兴中，“大阳蛮酋桓诞拥沔水以北，滍叶以南八万余落，遣使内属。高祖嘉之，拜诞征南将军、东荆州刺史、襄阳王，听自选郡县”。大阳蛮酋桓诞是桓玄之子，“初玄西奔至枚回洲，被杀，诞时年数岁，流窜大阳蛮中，遂习其俗”。桓诞是汉人，融入蛮族并当上酋首，可见汉人融入蛮族后汉蛮交融的情况。自然，数岁的桓诞不会独自“流窜”，当有一些汉人护送或陪伴到大阳蛮，因此汉人之礼仪也会对蛮人有一些影响。

民族友好会加快诸民族礼仪之间的相互影响与交流，乃至形成共同的礼仪、礼俗。当然，理解民族礼仪乃至民族文化交融的重要性需要有一个过程，这也是允许的、可以理解的。但是，无论是拒绝乃至阻断民族文化之间的交融，还是推行强势民族高压政策、强行改易礼仪礼俗，都是违背民族融合原则的行为，不可能获得广泛的理解与支持，只会导致民族对立情绪，乃至出现变乱。因此，能否处理好这些矛盾与冲突，对政权的巩固、民族关系的融洽、民族文化的交融意义重大。当然应该承认，古代中国大汉族主义盛行，华夷之辨、夷夏之别是典型言论，不少汉族王朝都或多或少地采用强权来压制或打击少数民族，强行将他们迁入汉族统治区，迫使他们改变生存状态，易服改俗的情况比比皆是。此仍以魏晋南北朝为例。据《三国志》载，陆逊为孙权谋划，强迫山越离开居地，“强者为兵，羸者补户”，号称“得精卒数万人，宿恶荡除，所过肃清”，这当然引起山越强烈抵抗。孙吴派遣军队镇压，山越死伤颇重。显然，孙吴是采用民族高压政策。对此，孙吴会稽太守淳于式表示反对，上表虽称陆逊“枉取民人，愁扰所在”，其实矛头直指孙权。十六国时，民族冲突也非常激烈。后赵石勒死，石虎争到统治权。他为人十分残暴无行，虽然也行南郊、祀宗庙，在新建的太武殿上“图画忠臣、孝子、烈士、贞女”，然他对原石勒后宫，“简其美淑”而归己，此实是少数民族“收继婚”习俗。他“扰役黎元，民庶失业”，最终引发戍卒兵变。虽然他借助其他少数民族力量镇压了这次兵变，但国力一蹶不振。不久，石虎死。石虎养孙冉闵原是汉人，他利用石虎诸子争权、大臣相残之机一举夺得政权，杀死石氏诸子孙及朝廷大臣猛将。冉闵称帝，改国号为魏。他担心羯人不服，下令屠尽羯人，数日便杀了20余万，至有“晋人貌似胡者多亦滥死”。如此加剧了民族矛盾，不利于诸民族文化及礼仪的交融。冉闵的倒行逆施，没有能够使国家长治久安，仅2年余便国灭身亡。

魏晋南北朝时期虽然民族矛盾激烈，但同时民族融合也在加速。但是，即使是有利民族融合的政策，也需要在适当的时间用合适的方式来推行，否则也会引起反作用。北魏孝文帝改制，迁都洛阳，大力推崇汉族文化，力促民族融合，采用不少汉式礼仪，初衷并不坏。但由于他没有协调好拓跋族文化与汉族文化的关系，没有关切拓跋贵族及普通少数民族将士的利益，只是乾纲独断、强行推行，确实有操之过急和失当之处，因而引起留在平城的拓跋贵族们的反对；甚至太子元恂“深忌河洛暑热，意每追乐北方”，最终因企图逃归平城时杀大臣而被废为庶人。废太子在国家政治上是极大事件，因而引起朝野广泛关注与警觉，人心惶惶，最终导致平城拓跋贵族武装反叛。另外，孝文帝强行移植旧门阀制度，严重侵害了普通贵族和守边将士的利益，因此孝文帝死后引起六镇武装变乱，北魏从此一蹶不振。这说明，即使是一种符合历史潮流的改革，但不注意政策的灵活性、不关切诸方面的利益，也会引发很大的社会动荡乃至动乱。

其实，少数民族有自己的生活习俗与礼仪，他们建立政权后，在创建立礼制体系过程中与汉式礼仪发生矛盾与冲突是件正常之事，需要在深入了解双方礼制的民族性之上进行协调与解决，任何以强权来推行或阻止都是不利于政治稳定的。《北齐书》和《隋书》都记载了北齐时一件事：北齐高阿那肱为相时，尚书郎中源师向他提出“龙见”当行雩祀，高阿那肱问龙在何处，源师禀报说这是龙星，不是真龙。高阿那肱忿然斥责道：“汉儿强知星宿”，不同意祭祀。源师退出后叹道：“国家大事，在祀与戎。礼既废也，何能久乎？齐亡无日矣。”源师以孟夏龙星现而请雩，这是源于汉式礼仪，却受到高阿那肱斥责，源师所叹，显然体现出两个民族不同文化所导致的差异，反映了民族文化的深层冲突给政权稳固带来的影响。

总而言之，在魏晋南北朝时期，众多少数民族政权采用汉式礼仪是十分明显的事实，说明民族文化在交融，民族融合在深化，已经成为中华传统礼制融合发展的整体趋势。从礼制角度来看，北魏文明太后和孝文帝的礼制革新做出的贡献尤大，最终奠定了北魏礼制变迁的走向，对东魏北齐和西魏北周的礼制更革有相当影响。北魏至隋前，见于史书记载的有常景《后魏仪注》50卷、赵彦深《北齐吉礼》72卷、佚名《北齐皇太后丧礼》10卷、佚名《后齐仪注》290卷等礼典，民族礼仪融合的态势一目了然。

北齐北周的礼制更革，又对隋唐礼制的变革产生重大影响，即各族的礼仪融合趋势加快，最终出现了吸收较多少数民族礼乐的大唐礼乐制度。如唐代的宫廷乐舞，大量吸纳诸周边国家与不同地区和民族的精华。《旧唐书》称“陈、梁旧乐，杂用吴、楚之音；周、齐旧乐，多涉胡戎之伎。于是斟酌南北，考以古音，作为大唐雅乐”，从而使施行礼仪时声形更加完美。可见，唐代礼乐吸纳少数民族成分颇为不少。

唐之后又出现过几个少数民族政权。这些政权实际上沿袭了魏晋南北朝民族文化融合的总趋势。如《辽史》载韩知古曾“总知汉儿司事，兼主诸国礼仪。时仪法疏阔，知古援据故典，参酌国俗，与汉仪杂就之，使国人易知而行”。显然，这种“援据故典，参酌国俗，与汉仪杂就之”而制订出辽朝礼仪，是带有少数民族色彩的礼仪，确实能“使国人易知而行”，也缓和了民族文化之间的冲突，稳定了社会秩序，如此，既能促进契丹族文化的发展，也有利于社会稳定与经济发展。金朝则是另外一种发展方式。金朝建国之初是模仿或说移植汉制礼仪，大致始于太宗时期，主动移植汉制当始于熙宗朝，较大规模制订汉制礼仪是从海陵王开始。世宗、章宗两朝则大规模地改易相关礼仪，尽可能按照唐宋礼典实施，编纂成的《金纂修杂录》规模达400卷。[1]至今保存下来的金朝礼典有张暐《大金集礼》残本40卷。金朝最终实施的是汉式五礼制度，当然其中也保留一些女真族的礼仪，如祭祀长白山、大房山和混同江，烧饭，拜天礼，射柳，击球等。据《明史》记载，明朝“永乐时有击球射柳之制”，属军礼，可见金朝有民族色彩的射柳、击球礼仪对后世汉族政权也有影响。

元朝对汉式礼仪兴趣不大。虽然《元史》号称“稽诸古典，参以时宜，沿情定制”，也行用过部分汉式礼仪，但元朝皇室和蒙古贵族保留较多蒙古族色彩的礼仪。元朝编过《国朝集礼》，已佚，今存《元典章》中留下颇多有关的残篇断句，涉及朝贺、进表、迎送、服色、婚礼、丧礼、葬礼、祭祀等，关乎政事民情，其中既有蒙古族礼仪，也有汉式礼仪。按照元统治者所言，他们制订的礼制，要求官民一体缘礼而行，以使“官吏有所持循，政令不至废弛”，但事实上，元政府还是容忍汉族官员和庶民行用汉式礼仪的。

努尔哈赤建立汗国，行用的是满族礼仪色彩浓厚的汗国礼仪[2]，

1 汤勤福:《再论金朝五礼制度》,《甘肃社会科学》2021年第2期。

2 汤勤福总主编，赵克生主编:《中华礼制变迁史（元明清近代编）》，中华书局，2022年，第四章第一节。

皇太极继位，改国号为清，逐渐更革汗国礼仪，尤其清军入关后到乾隆时最终编纂成《大清通礼》之前，完成了汗国礼仪向帝制国家礼制的转变。这一礼制发展过程中，不断吸收汉式礼仪，如即位礼、祭天、祭祖庙、祭孔、祭岳镇海渎、元旦大朝会、万寿圣节朝贺礼等都带有汉式礼仪色彩。然而即使到乾隆时编成《大清通礼》，清朝仍保留许多满族色彩的礼仪，如祭堂子、跪拜行三拜九叩礼，皇帝大婚、满族贵戚婚礼均行用满族礼仪，显然清朝综合汉满两族礼仪制订出与前代不同的新的礼仪体系。

清朝在制订礼制过程中兼采汉满民族礼仪，有促进民族融合的作用，也要看到它曾强行推行民族高压政策带来的恶劣影响。清政府入关后南下，下令薙发，引起江南许多地方民众的反抗，扬州十日、嘉定三屠便是清政府欠下的血债。冒襄《影梅庵忆语》中追述当时清军“迫槜李，薙发之令初下，人心益皇皇”就是南方民众对此易礼改俗政策的恐惧且不服的心态。清初推行一些与汉族不同的礼仪或其他政策，自然也会引发汉族士人的不满，清政府便大行文字狱，采取压制、屠杀、监禁或流放宁古塔为奴等措施来加以镇压，这些倒行逆施的做法已被牢牢地钉在历史的耻辱柱上。强权自可立威一时，不可能永远，清廷崩溃，广大国民剪辫易俗便是明证。显然，制订国家礼典，处理好不同民族之间文化是一个非常重要的问题，是需要政治智慧的。只有处理好这一关系，才能促进民族之间的团结、减少民族冲突，才能稳定国家秩序与实现社会和谐。历史的经验教训值得我们汲取。

第二章
源远流长

《礼记·乐记》:“五帝殊时，不相沿乐；三王异世，不相袭礼。”

杜佑《通典·礼一》:“秦平天下，收其仪礼，归之咸阳，但采其尊君抑臣，以为时用。”

《宋书》:“夫有国有家者，礼仪之用尚矣。然历代损益，每有不同，非务相改，随时之宜故也。”

皮锡瑞《经学历史·论三礼皆周时之礼不必聚讼当观其通》:“改制度，易服色，殊徽号，礼有明征，而非特后代之兴，必变易前代也。即一代之制度，亦历久而必变。周享国最久，必无历八百年而制度全无变易者。”

一　传统礼制发展的四个阶段

如前所述，礼制是从礼俗转化而来的，中华传统礼制在中华大地长期地传承着。生产力的提高、社会的变迁，促进了中华传统礼制的变化与发展。从大处着眼，中华传统礼制的发展可以分为四个阶段，分别是前礼制时期、王国礼制时期、王权礼制时期和集权礼制时期。

（一）前礼制时期与王国礼制时期

前礼制时期是一个非常漫长的过程，就中国而言，大致从人类出现到海岱龙山、红山、良渚诸种文化类型出现之前为止。这种原始礼俗不需要“权威机构”认定或颁布，是一种人们交往过程中约定俗成的行为模式，表示着相互之间的关系，以及对某种行为模式、某种思想观念的认可。这是前礼制时期区别于后世礼制的最为重要之处。

如前所述，礼是人类特有的社会现象，是人际交往的规范与准则，礼制则是由权力机构颁布的各种交往的有关规范与准则。故而作为人际交往规范与准则之礼，从理论上说，应该自人类出现便有了人与人之间的交往，这种交往需要用大家都能够接受的方式来进行，也就是需要一种行为规范或说是行为准则。因此，只要有了人，就会有“礼”——世界各国都一样。在人类之初，这些“礼”非常原始、非常简单，但毕竟它已经出现了。如果我们把这种非常原始、非常简单的“礼”视为一种习惯或习俗，自然可说礼始于俗或礼源于俗。原始之礼并不带有强制性，也无须权威机构加以认定或颁布，它只需要获得交往双方的认可，是自然而然地产生的。这在民族学、民俗学资料中得到了印证。常金仓曾谈及“手势语言”在人们交往中具有重要作用，指出“美洲各族印第安人彼此不懂对方的有声语言，但能够用手势语言相互交谈”。其实，这种相互交往中被双方认可的某种手势（即肢体语言、仪态）就是“礼”。显然，非制度之“礼”作为人际交往工具，应当在人类出现后便产生了，因此远远早于阶级和权威机构出现之时。当然，这种最初之“礼”非常原始、非常简单，差异或许很大，使用范围十分狭窄，普适性很差，但它毕竟不是由强制的“行政手段”来规范的，故而不是“制度”的产物，只能称为礼俗，或称为习俗或习惯。

原始人群生产力极其低下，他们无法对许多自然现象做出合理的解释，故而出现了向“鬼神”进行祭祀的礼俗，后世“祭礼”便是由此发展而来的。《礼记·礼运》称：“礼之初，始诸饮食，其燔黍捭豚，污尊而抔饮，蒉桴而土鼓，犹若可以致其敬于鬼神。”尽管说礼起于饮食不甚准确，但“太古之时”人们已经开始用“燔黍捭豚，污尊而抔饮，蒉桴而土鼓”的方式来礼敬鬼神是可以相信的。

许多原始墓葬有各种礼俗。大汶口文化墓葬中流行死者手握獐牙的葬俗比较普遍，并且一直延续到龙山文化。这当是一种丧葬礼习俗，是当时人们对鬼神的敬仰，运用于生活现实之中的礼俗。其实，当时的人们还有其他礼俗，例如大汶口文化刘林期流行拔除一对上颌侧门齿的风俗，而且头部后枕骨都经过人工畸形。有学者认为是“成丁礼”，表示已达到成年而获得婚姻资格，这也是一种早期流行的礼俗。

当然，这种不需要统一权威机构来认定的礼俗也具备了某种“规范”或约定俗成的思想（观念）。因为即使再原始的礼俗，也需要人们对它的“认定”，即相互之间认可某一礼俗所表达的含义。这含义便是一种思想，它具体体现为人们对某一礼俗含义或观念的认定。换句话说，人们运用一种“观念”来规范、规定不同区域、不同人等的“交往方式”和“礼仪待遇”，这种观念其实便是一种思想。尽管这种思想是对“礼”的粗浅的、原始的认识，但它毕竟已经是一种基于对当时社会有一定观察基础之上的相对稳定的思想，从“思维”角度来说，它与后世的礼学思想没有本质的不同。在海岱龙山、红山、良渚诸种文化类型出现之前，即新石器早、中期墓葬中发现了随葬生活或生产工具，尽管数量存在少量差别，但这些随葬物品都是墓主人生前的“私人”用品，而不是按照墓主人“身份等级”来随葬的，因此不存在按等级使用随葬品的观念或思想。那么可以说前礼制时期不存在等级差异的礼俗观念或说礼俗思想，反映出中华传统礼制发展最初阶段的基本情形。

距今约6000年的海岱龙山文化之后，进入了王国礼制时期。王国礼制是指行用于一定区域、有一定具体规范的礼仪制度，它是由一定区域的权威机构来认定或说颁布的礼制，它是制度层面上的“礼”。由于社会生产力的发展和等级观念的产生，在海岱龙山文化的墓葬中已经可以看出明显的社会阶层分化、贫富不均的趋势。从墓葬和出土实物上看，在海岱龙山文化遗址的墓葬规模大小，葬具（棺椁）形制与美恶，随葬器的质地、种类与多寡等都一目了然。尤其是标志身份等级的奢侈品，如一些高等级墓葬中陪葬器形精美的蛋壳陶生活器具、象牙、玉钺等高级礼器，充分证明这一时期已初步形成了等级观念和财富观念。

海岱龙山文化并非孤例，与它时间大致前后的东北地区红山文化、江浙的良渚文化中，也存在与海岱龙山文化完全相同的情况。当然，海岱龙山、红山、良渚诸种文化类型的随葬品及墓制也存在一些差异，各具特色，这与后世由相当辽阔的统一区域的权威机构颁布的严格的礼制就有差异。因为我们可以看到龙山等文化类型的同一等级墓葬中随葬物品确实存在着多寡不同，看不出这些文化类型有着“严格”与统一的制度规定，反而可以看出它们是根据各自的情况在一定区域中“规定”行用的。例如陕西神木县石峁遗址主体为龙山晚期和夏代早期，研究者认为它是“不同于中原地区河南龙山文化晚期、新砦期和二里头文化早期遗存的一个典型‘北方代表’”，是一个“具备了早期王国都邑的必要条件”的“早期王权国家”。也就是说，石峁是当时众多王国之一，其礼制理当分属王国礼制时期。石峁遗址有不同等级的墓葬，说明当时礼制已规定了对不同等级者的葬礼；外城东门址周边共发现集中埋藏人头骨的遗迹6处，显然表明石峁人在信仰层面出现了驱鬼辟邪的观念，这正反映出石峁人在建筑方面的礼制规范。有学者分类统计了石峁遗址征集和出土的玉器，认为石峁先民具有祖先崇拜、太阳崇拜、宇宙观等精神文化思想，对祖先、太阳神的祭祀正是礼制的体现。

除考古发现之外，在传世文献中也能看出些许端倪。《左传》

图2　陕西神木县石峁遗址

载:“禹合诸侯于涂山，执玉帛者万国。”“万国”说明在夏禹之前存在着众多的类似于部落联盟性质的“王国”，它们分居在不同区域，“王国”自然会有自己“王国”内部的礼仪；而王国间互相交往，也就需要有规范的、相互认可的交往之礼。无论是王国内部还是王国之间的礼，都必然是由这些王国来加以规范、相互认可，是相对稳定或说相对成熟的礼制。这些相对稳定与成熟的王国礼制，就是他们各自从自己的习俗或礼俗中加以规范和转化而来，并由这些王国认定实施的。总之，王国礼制是由一定区域权威机构认定或颁布的礼制，它已经有了比较固定的具体仪制，即有一定规范；相对于后世，虽然它没有经过区域广大的统一的权威机构颁布或确认，缺乏严格的规范，行用在相对狭小的区域之内，但它确实属于“制度”层面上的“礼”。

（二）影响深远的王权礼制时期

王权礼制时期从夏朝开始，延续到秦统一之前为止。夏朝是中国最早的一个规模较大的王朝确然无疑，然夏朝并无成熟的文字，因此难以从文字记载来探讨夏朝的礼制。不过，从考古发现来看，夏朝确实有了相当规范、成熟的礼仪制度，目前已经发现了大量物化的与礼制有关的资料。这些物化的资料主要包括墓葬、祭祀遗存、礼仪性建筑以及种类繁多的礼器等。绝大多数专家认为规模庞大的二里头都城遗址属于夏朝都城，其中就有宫殿，也有祭坛遗址，体现出礼制的规范。

《左传》称“国之大事，在祀与戎”，即祭祀与征战是古代中国的最为重要的礼制内容。古人祭祀天、地、人鬼，目的是求得他们的庇佑。二里头遗址的祭祀区出土了大量的铜礼器、玉礼器、陶礼器，祭祀区与都城内其他大型礼制建筑，共同构成了夏王朝作为王权国家的重要标识物，成为青铜时代礼乐制度的重要内容。有研究表明，二里头文化出现了明显的礼器组合和数量关系，形成青铜礼器、玉礼器、陶礼器等成系列的礼器群，主要是铜爵（或加铜斝）与陶盉、觚的组合，铜爵与陶爵、陶盉组合。这无疑表明二里头时期已经形成了比较规范的、等级分明的礼制，标志着华夏文明结束多元纷乱的王国礼制时期，进入多元一体的王权礼制时代，一个以中原文明为中心的王权礼制演进线路开始形成，并为后来的殷周礼制奠定了基本格局。

目前已发现二里头文化遗址500余处，大致以二里头遗址为中心，分布在以豫西为中心的黄河中游地区，范围直径200公里左右。也就是说，至少这一地区是夏王朝直接统领的区域，其间接控制区域自然还要更大一些。巩义花地嘴遗址中“新砦类遗存”属于夏文化范畴，遗址发现环壕、祭祀坑、房址、灰坑及陶窑等等，其中玉器有钺、铲、璋和琮等，表明它是一个相对独立的居住聚落。它拥有祭祀坑，说明居住这一区域的人们有祭祀权。该遗址属于二里头文化类型，那么它一定与二里头遗址的祭祀存在着某种必然的联系，其祭祀方式必定是二里头都城遗址的某种“翻版”，有着一定的规范与要求，而不是以往王国时期那种独立的自成体系的祭祀礼仪形式。由此可以确认，王权礼制是由中央王朝礼制为标准，向周边管辖地区扩散的一种礼制形式，它有统一的礼制规范、确定的礼仪形式和礼制的等级差异。换句话说，这种礼制形态是以王朝中央的礼制为标准实行的，其礼制实施主要范围在都城及王所掌控的区域，各地行用的礼仪则略有等差。

按照《史记》的说法：“禹为姒姓，其后分封，用国为姓，故有夏后氏、有扈氏、有男氏、斟寻氏、彤城氏、褒氏、费氏、杞氏、缯氏、辛氏、冥氏、斟戈氏。”据此，有学者认为在夏立国前，存在12个比较大的姒姓氏族组织，共同组成夏部族。夏立国后，与这些诸侯国之间存在着血缘上的宗法关系，又存在着政治上的分封和经济上的纳贡关系。但就每个方国而言，都是以血缘为纽带聚族而居的，自成一个组织系统。《墨子·明鬼》说“昔者虞夏商周三代之圣王，其始建国营都日，必择国之正坛，置以为宗庙；必择木之修茂者，立以为蕞位”，即建立国家、营建国都、祭祀祖先都是最为重要之事，表示着政权的合法性。

商代国家结构至今无定论，但观点分歧并不影响对商朝礼制的判断，因为在现存的甲骨文中，可以相对清楚地了解商代的礼制情况。周朝则有金文，也容易识别出其礼制的一些基本情况，同时还有一些传世文献可予资证。

《尚书·盘庚》中盘庚自称“予一人”，甲骨文中商王自称“余一人”，胡厚宣先生指出两者都是至高无上、唯我独尊的君主称谓。《尚书·酒诰》称“越在外服，侯、甸、男、卫、邦伯；越在内服，百僚、庶尹、惟亚、惟服、宗工，越百姓里居”，《诗经·玄鸟》也有“邦畿千里，维民所止，肇域彼四海。四海来假，来假祁祁”，对此无论做什么解释，都可以看出从王朝中央到各地存在一套规范的有等级差序的礼制体系。甲骨文记载各地向商王贡献的龟甲、巫、牛、女子、象牙、贝及人殉，这是明确的朝贡之礼。有学者指出“王占曰”即是王代表神说话，即商王通过对卜筮的掌控和垄断，兼世俗政治与宗教权力于一身，达到集中王权的目的。从考古而言，商朝都城及其他城市发现不少祭坛，其建筑形制与布局、规模，以及人牲、人殉数量，都具有明显的等级差异。这种王权与神权的紧密结合以及王权对神权的高度依赖，说明商朝已有比较完善的礼制。

朱凤瀚研究了“非王卜辞”，指出“每一个宗族，同时也是一个独立的经济与政治的实体”，“宗族长在宗族内主持对家族祖先神的祭祀，具有高于其他族人的至尊地位”。这说明除商王拥有祭天、祭始祖权外，其他宗族长也拥有祭天、祭祖权，这体现出王权礼制的鲜明特色——以中央王朝礼制为标准，其他宗族长或小王国同样拥有祭天和祭祖之权力。这与封建专制体制下的集权礼制是完全不同的，因为集权礼制只承认皇帝有祭天、祭祖权，其他人都没有这种祭祀权。

武王翦商，小邦周取代大邦殷，面对的是数量众多的殷商遗民，以及周边异族劲敌。周初统治者接受了商亡教训，一方面强调“天命靡常”，另一方面强调“皇天无亲，惟德是辅”，以论证自己取代殷商的合法性和合理性。同时又分封同姓、异姓贵族，先圣之后以及商王后裔等，用以稳定政局，拱卫周王室。通过分封，周王为“天下共主”，分掌一国权力的诸侯下也层层分封，形成贵贱不同的等级，具有“世族政治”的特色。

伴随分封，周王往往还赐予诸侯一些礼仪器物，《左传》记载周王赐晋国“密须之鼓与其大路，文所以大蒐也；阙巩之甲，武所以克商也，唐叔受之，以处参虚，匡有戎狄。其后襄之二路，鏚钺、秬鬯，彤弓、虎贲，文公受之，以有南阳之田，抚征东夏”。赐予这些礼仪用物，表示允许这些诸侯拥有相应的祭祀权和征伐权。如晋拥有“匡有戎狄”“抚征东夏”的征伐权，同时它作为独立的世袭国家，自然拥有祭祀天地的权力，其仪式当与西周中央相似无疑。但与商朝不同的是，西周同姓诸侯国，若无特许，只允许祭祀自己的直系或开国之祖，而不能祭祀周王朝的开国之王。

《尚书大传》称周公摄政六年制礼作乐，此事虽难以确证，但周公依据周原有制度，参酌夏殷礼制，加以损益而制订出一套礼乐制度则无可疑。《左传》载鲁国太史克明确说过“先君周公制周礼”云云，便是周公制作周礼之明证。周公所制周礼当然不是传承至今的儒家经典《周礼》，也不可能非常完善，周礼是经过周公之后诸王陆续完善的。按照钱穆先生的说法：春秋时期“列国君大夫所以事上、使下、赋税、军旅、朝觐、聘享、盟会、丧祭、田狩、出征，一切以为政事、制度、仪文、法式者莫非‘礼’”，即内容包括政治制度、礼制原则及一般行为规范，这种完善之礼不可能在短时间内由一人独立完成。

下面略述周王朝重大礼制。周王对内外服官员拥有册命权，周初克罍铭文记载了周成王分封克为燕侯之事。改封也需要重新册命，宜侯夨簋记载了周康王将虞侯夨改封为宜侯之事。有册命、改封，自然存在相关的册命、改封之礼仪。颂壶记载册命礼仪：册命日之清晨，王入昭宫太室即位，宰引受命者入，立中庭，尹氏向王上呈命册，王命史官读命辞，王赐物嘉勉，受册者拜谢、受册命、退出，然后再入中庭贡纳瑾璋。显然这是一套完整的册命礼仪。

西周有内外服的朝聘制度，这记载在《尚书·酒诰》中。《国语·周语上》则说畿服制分为甸服、侯服、宾服、要服和荒服。尽管学界对畿服制度有不同解释，但都承认存在着这种根据尊卑、亲疏、内外、远近为标准的朝聘等级制度。士山盘、驹父盨盖等青铜器，记载了东南的淮夷诸邦、西北的犬方戎狄等政权

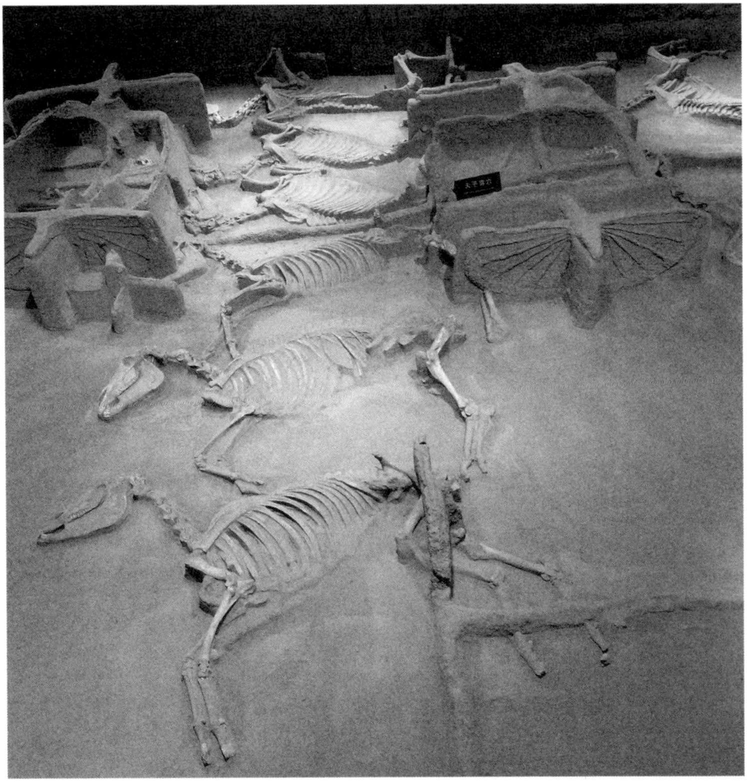

图3　洛阳东周天子驾六

向周王朝贡纳之事，《国语》也有戎、狄“适来班贡”，证实各方国、诸侯有向周王朝朝觐纳贡之义务。

周天子有定期巡狩之礼，以此对诸侯进行巡视考绩，威服诸侯，以维护中央对诸侯国的控制。周朝还有颁朔、告朔礼，《史记》记载“天子告朔于诸侯，诸侯受乎祢庙，礼也”，实际显示了周政权合法性和权威性。至于婚丧、盟会、飨燕、车舆、贡纳，乃至都城、祭坛的建设等方面都有礼制的规范。

总之，周王朝以亲亲贵贵原则建立起一套以周王为核心、以诸侯为分理各地的成熟的王权礼制体系。这种王权礼制显示出周王对天下拥有绝对的统治权，诸侯则分别统治一国，大夫治理采邑，虽是层层分封、分层治理，但周天子掌控天下礼仪的制订权力，而诸侯、大夫则需要遵行这一礼制，从而体现出王权政治秩序以及诸种人等的级差秩序。

公元前771年，犬戎入镐京，幽王被杀，西周灭亡；次年，平王迁都雒邑，是为东周。东周又可分为春秋和战国两个时期。《左传》称西周覆灭使“王室而既卑矣，周之子孙日失其序”，也就是周天子逐渐失去对诸侯、方国的控制能力，社会秩序由此逐渐变化。就王权礼制而言，西周虽然覆亡，但井田制度并未完全消亡，分封制下的诸侯国仍然存在，从天子到士的各种层级依然如故，也就使得王权礼制还有存在的土壤，其主要礼仪都得以沿袭并行用着。

但是随着周王朝控制能力逐渐削弱，诸侯势力壮大，天子与诸侯的矛盾日益尖锐，因此西周延续下来的礼制就发生了变异。如周郑交恶，桓王伐郑，却受伤败退而回，天子威信扫地。周惠王晚年欲废太子郑而立庶子带，这一违礼举动引起诸侯不满。二十二年，齐桓公召集七国诸侯在首止会盟，太子郑出席；三年后惠王去世，太子郑继位为襄王。襄王元年，齐桓公召集葵丘之会，襄王派大臣参加。这两次盟会是周王朝礼制的重大转折点——诸侯在尊王的旗号下，竟然能够干涉王室废立，说明周王朝已失去掌控国家的能力，仅存“天下共主”虚名，与诸侯无异。从此，诸侯国唯霸主马首是瞻，乃至数十年后楚庄王问鼎轻重大小。不仅如此，甚至还出现“卫师、燕师伐周”的“不王”事件。可见，从迁雒之后到葵丘之会，周朝社会已经出现了很大变化，周的王权礼制逐渐不能适应现实社会的需要了，因此王权礼制在新的历史条件下便会产生一些重大变化。

诸侯朝觐周王，原是礼制规定，但随着大国崛起，朝觐之事就十分罕见了。即使号称“周礼尽在鲁”的鲁国诸侯在整个春秋时期仅朝周王3次，鲁大夫聘周仅4次，其他诸侯国便可想而知。弱小诸侯朝霸主则时或有之。西周时，诸侯及国内正卿由天子册命，然至春秋中期这一制度面临难以为继的局面。西周宗法制规定同姓诸侯互相帮助，共同御敌，但春秋时大量出现同姓相伐乃至灭同姓国的事件。宗法制、分封制名存实亡。周王室经济也十分窘迫，不得不向诸侯索求财物，严重违背了天子无征求的周礼精神，使得周王室尊严扫地。此时，诸侯们政治上日趋独立，军事上谋求强盛，经济上日益壮大，故而违礼逾制现象日趋严重。《礼记·郊特牲》所谓“天子微，诸侯僭；大夫强，诸侯胁。于此相贵以等，相觌以货，相赂以利，而天下之礼乱矣”，因此司马迁不无感叹地说道:“周衰，礼废乐坏，大小相逾，管仲之家，兼备三归。循法守正者见侮于世，奢溢僭差者谓之显荣。”实为春秋时真实写照。

战国时期卿大夫崛起，春秋时期许多诸侯国陆续被灭国，出现七强混战、逐渐向大一统国家发展的格局，这使得王权礼制面临着更加严重的危机，中华传统礼制转型的机遇来临了。

按照周礼，诸侯国、采邑主城池的规模有制度的限制，《左传》称："都，城过百雉，国之害也。先王之制：大都，不过叁国之一；中，五之一；小，九之一。"但随着诸侯、卿大夫势力的消长，"国为大城"比比皆是，《国语》记载"郑有京、栎，卫有蒲、戚，宋有萧、蒙，鲁有弁、费，齐有渠丘，晋有曲沃，秦有徵、衙"。这些规模甚大的采邑，都曾直接引发过国家的内乱，如著名的郑伯克段、曲沃代晋、田氏代齐、三家分晋等史实皆反映了卿大夫强大、诸侯衰弱而导致内乱的事实。战国时期出现君臣杀戮、父子相残、兄弟阋墙的情况，充分说明以宗法制、分封制为基础构建起来的王权政治已成明日黄花，王权礼制成为弃履实属必然趋势。由此，诸侯娶同姓、废嫡子、伐同姓，逾礼之举时或见之，有权势的大夫骄奢蛮横，对弃信背义之行置若罔闻，故《新唐书》有"自周衰，礼乐坏于战国而废绝于秦"之叹。实际上，战国出现了重大的社会转型，前世制度自然难以为继，因为与春秋时期相比，战国时期无论是在经济形态、土地制度、社会结构、社会组织，还是在各项政治制度、经济制度或文化政策等方面均发生了深刻的变革，这自然给王权礼制以及礼观念带来激烈的冲击。

早在春秋中期，周朝以礼治国的观念已受到严峻挑战，《左传》有"今周德既衰"的感叹，体现出时人对周朝礼制产生的怀疑、失望与迷茫。于是出现了立法治国的主张。郑国子产铸刑鼎，声称“侨不才，不能及子孙，吾以救世也。既不承命，敢忘大惠”。显然，子产认为铸刑鼎是“救世”，而非毁灭周制的举措。晋国赵鞅、荀寅也铸刑鼎，孔子批评道：“晋其亡乎！失其度矣……贵贱不愆，所谓度也。文公是以作执秩之官，为被庐之法，以为盟主。今弃是度也，而为刑鼎，民在鼎矣，何以尊贵？贵何业之守？贵贱无序，何以为国？”孔子把礼治与法治对立起来的看法是存在问题的，然而他确实十分敏感地发现，立法治国破坏了原来以礼治国、贵贱有等的制度，超过了“度”，就会导致国人一切行为依据刑法来加以判断、衡量，那么国人就不再考虑是否遵从礼制，而关注是否触犯刑律，如此礼教就成为空论，无人信从，这对以礼治国来说是致命的伤害。这显然是礼学思想的重大变化。

战国兼并之战十分激烈，为实现富国强兵，就需要有国君集权的国家体制，故而诸国纷纷变法，用以提升自己的政治、经济实力。也就是说，战国变法实际是春秋以法治国的逻辑结果。魏国李悝变法后，楚之吴起、秦有商鞅、韩有申不害、齐为邹忌、燕则乐毅先后进行变法，赵武灵王也在军事上进行胡服骑射的改革。这些变法前后持续长达百余年，初步完成了由宗法血缘政治到专制集权政治的转变。从国家组织形态来看，以往建立在宗法血缘关系上、以分封制实施权力分配、以周天子为核心的“家国同构”的国家形态已经退出历史舞台，代之而起的是战国以国君为核心的国家形态，诸强各自为政，显然已经起了质的变化。战国时期各国变法，促进了中国社会的转型。与春秋时期相比，在政治、经济、文化乃至疆域等方面，战国时期有着重大变化，其中土地私有制和君主集权政治的形成，是整个社会转型标志性的事件。应当强调的是，战国时期诸侯国之间频繁的战争需要更多的财物来支撑，因此扩大种植面积、改革赋税制度、增加财政收入是诸国的必然选择。于是，废井田，开阡陌，扩大耕地，提高粮食产量，改变赋税方式，成了各国富国强兵的重要措施。田制改革破坏了宗法制下的身份等级制，因此集权体制下的等级制度必然应运而生。随着赋税征收变化，需要设置一套新的管理民众的制度，于是各国先后开始实行编户齐民的管理体制，将户籍作为征兵、征税、徭役摊派的根据。推行编户齐民，民户在理论上成为自由人，他们可以通过军功或其他手段来改变自己的身份等级，新的社会等级与新的社会关系应运而生了。社会的这些重大变化，不惟天子、国君及其子孙也会在争斗中失去原有地位，甚至被消灭，原有的礼制体系再也无法维持下去，这就需要一种新的礼制体系来适应这一变动，于是集权礼制登上了历史舞台。

从君主集权着眼，郡县制的诞生是一项重要内容，它是适应当时社会发展趋势的一项重大改革。设立郡县，各国统治者根据自己意愿来委派主政官员，实行俸禄制和上计制度，可以集权己手，同时也便于对百姓进行管控与收取赋税。据《史记·商君列传》记载，商鞅在秦变法时，在县下设乡、邑、聚三级，其他各国也先后置郡设县以及各级基层组织。郡县制的设立，体现出各国统治者力图取消世袭贵族的特权、集权己手的愿望，体现了法家的思想主张。《说苑》记载了李悝“食有劳而禄有功，使有能而赏必行，罚必当”的措施，《韩非子·和氏》保存了吴起“使封君之子孙三世而收爵禄，绝灭百吏之禄秩，损不急之枝官”的规定，《外储说左上》则载申不害“见功而与赏，因能而受官”的观点，《战国策》也保存燕国“公子无功不当封”的做法，《商君列传》称商鞅强调“有军功者，各以率受上爵……宗室非有军功论，不得为属籍”，等等。从这些政策来看，完全废除了周朝宗法制度下的贵族世袭特权，是重新确立尊卑爵秩等级、集权中央的重大举措。

不惟法家思想对春秋战国时期礼制变迁有深入思考，儒家思想家同样也进行了思考。孟子虽然坚持孔子宣扬的追求先王盛世的理想，反对法后王，但他倡导民贵君轻的民本思想，反对君主专制独裁，甚至提出“诛独夫”的主张，实际上是对当时强权政治的一种纠偏。他批判违礼逆道之行，认为无父无君是禽兽之行，指出人与禽兽区别之处就在于人有道德。这种思想被后世儒家学者继承。从周礼演化角度来说，儒法两家是殊途同归。

在社会激烈变化的战国时期，以国君集权专制为核心的新礼制体系开始萌芽，传承已久的西周礼制就会有翻天覆地的变化。战国时期，诸国先后称王，并纷纷祭祀上天以示天命所在。齐湣王向南侵占楚之淮北，向西占有三晋之地，甚至想并吞周室而为天子。魏惠王建旌九斿，从七星之旟，史称“此天子之位也，而魏王处之”。甚至一些小国也祭祀上天（上帝），如中山王方壶：“可法可尚，以飨上帝。”这都表现出战国礼制的重大变化。

值得指出的是，秦礼发展非常独特，比较而言，秦国王权礼制色彩较为淡薄，自商鞅变法，禁《诗》《书》，驱逐儒家文化，实行专制的法家思想，走上了实用的功利主义道路。商鞅把《诗》、《书》、礼、乐、善、修、仁、廉、辩、慧十者斥为国家危亡之关键，还把礼乐、诗书、良善孝悌、诚信贞廉、仁义、非兵羞战，说成毒害国家的“六虱”，强调国家想要强盛，必须先铲除仁义、礼乐、孝悌，杜绝“六虱”，重农战，尚首功，实施愚民政策。显然，商鞅主张的是一种功利主义的专制集权的法家思想。商鞅思想完全符合秦国发展的需要，也符合战国时期历史走向大一统的发展趋势，但矫枉过正，确实也存在很大问题。孝公死后，商鞅被杀，但商鞅制订的政策并未改变，集权专制获得进一步发展，可见其影响极其深远！秦国礼制破坏了西周以来的王权礼制，向着君主集权、专制主义方向激进地发展着。秦统一之后的中央集权措施和显示大一统的集权礼制的制订，实际便是沿着这一路线发展的必然结果。

需要补充的是，在前礼制时期和王国礼制时期，都没有形成一种大一统的礼制体系，而王权礼制则是大一统的礼制体系，与后世大一统的集权礼制一脉相承。同时，无论是周公制礼作乐还是孔子礼学主张，都成为后世制礼范式的准则，奠定了儒家礼学理论的基础。战国时期儒家对礼制论述颇多，最晚到汉武帝时已经形成礼学经典著作《仪礼》《礼记》和《周官》。[1]三礼是儒家

1 对三部礼学经典的成书时间，学者观点有很大差异，此处不作辨析。但最晚到武帝时出现了《周官》(即《周礼》)，三部礼学经典全部重现在世人面前。

学者构建理想礼制体系的设想，它们成为后世礼制变革的理论根据和礼典编纂的参照，因此可以说王权礼制时期，儒家思想家从整体上确定了中华传统礼制的框架与发展轨迹，影响极其深远。

（三）集权礼制的变迁与影响

自秦统一，中华传统礼制进入了集权礼制时期。集权礼制时期是中华传统礼制演化中一个重要的发展时期。它是以大一统专制主义的中央集权为政治基础，以小农经济为经济基础，以儒家思想为理论基础，以五礼为形式，以伸张皇权为主要内容的国家礼仪制度。集权礼制可分为四个发展阶段：自秦统一到隋是形成阶段；唐宋为鼎盛阶段；元明清（道光之前）是衰变阶段；道咸到民国是向近现代礼制的转型阶段。

秦汉到隋朝是集权礼制形成阶段，中国封建帝制的国家礼制——五礼制度——在此时期形成。“五礼”是古代中国成熟的封建专制国家礼制的核心内容。

公元前221年，秦国统一了天下，建立起一个地域广袤、中央集权的封建专制大帝国。秦朝礼制承袭自春秋战国时期的秦国无可置疑。秦王朝虽然二世而亡，但在它短短的数十年间，也利用儒法两家思想因素，建立起适应大一统专制政权的礼仪制度。《通典》载：“秦平天下，收其仪礼，归之咸阳，但采其尊君抑臣，以为时用。”此说确然，秦统一后以尊君抑臣、加强皇权目的来创制新礼，体现出实用主义、功利主义的特色，集权专制色彩极其明显。如秦以皇帝为号，皇帝之命称制，令称诏，天子自称朕，而臣下奏请或称“上书”，或称“上奏”，强调了君尊臣卑之意。这种体现君主专制集权特色的礼制名目，被后世王朝原封不动地继承下来。始皇泰山封禅，将中央集权的帝国神圣化，用以证明自己政权的合法性，开启了后世皇帝的封禅之途。秦在四季于四方祭祀天帝。秦规定岁首为朝贺日，自称水德，衣服旄旌节旗以黑色为贵。这种颁正朔、宣天命、大朝会形式均为后世王朝所继承，五德之运的王朝更替说开启了汉后正统论之门，后世帝王大臣、封建士大夫都对此津津乐道，影响极其深远。秦实行郡县制，其长贰均由皇帝委任，加强了对地方的控制。在丧葬之礼方面，秦始皇更是动用无数人力物力，于骊山建陵墓，规模巨大，体现出皇帝之威权。帝陵之制也为后世所继承，秉行不怠。在思想文化方面，焚书坑儒，钳制思想自由，体现出思想管控的专制色彩，也为后世专制帝王所继承。可见，秦虽短祚，但所制订礼仪是为皇帝至高无上的权威和地位服务的，是为加强专制主义中央集权体制服务的，这一礼制尊君抑臣的思想在中国封建社会中延续了2000余年。

刘邦建立统一的汉王朝，虽说儒家开始复兴，但流传于世的残篇断简主要是以《仪礼》为代表的士礼，先秦时行用的天子至大夫之礼难觅踪影。尽管自高祖开始的汉初诸帝都崇尚黄老之学，但是他们不能不感受到以儒家思想为基础建立起来的礼制，对提高帝王之尊贵有着无可替代的功效。即使藐视儒家的高祖，在叔孙通建立一套礼仪之后，感叹道：我今天才知当皇帝的尊贵了。实际上，叔孙通制礼大致是承袭秦礼，继承了秦朝尊君抑臣

图4　泰山五岳独尊

的专制主义的礼制遗产。

随着汉朝儒家全面复兴，儒家学者推崇士礼，协助帝王构建起自上而下的集权礼制体系，这在中国礼制史上有着至关重要的地位。许多重大礼仪向着专制集权方向迅猛发展，如叔孙通制订的朝会礼，武帝继秦始皇之后再次举行封禅大典，都影响巨大。元帝废除诸侯祭祀宗庙的权力，独揽宗庙祭祀权，也是专制帝王集权己手的一项重要礼仪。平帝颁布的南郊礼仪，即著名的“元始仪”，也深刻地影响着后世。其实，与礼制建设相比，两汉更为重要的贡献在于礼学理论的发展。大致说来，两汉礼学理论的发展有三个明显转折，一是汉武帝废除挟书令，独尊儒学，古文经始出，传统礼学从重视道德转向到道德、政治并重；二是新莽时期刘歆利用古文经为王莽代汉服务，古文经立为官学，开始利用它全面创制基于“国家层面”上的新礼制体系；三是郑玄合今古文经为一体，奠定了礼制重政治的新局面。这三个转折大致为新礼制体系的诞生打下了扎实的基础。三国时期，王肃批判郑玄，使经学再次形成新派系，促进了礼学的深入发展。到西晋武帝时，最能体现尊君抑臣的封建专制主义的五礼制度正式诞生了。

五礼制度自西晋诞生之日起，便成为后世撰述礼典的样板。更重要的是五礼的核心思想是尊君抑臣，体现帝王独尊、集权的意志，这是完全与封建专制政体吻合的，这也是五礼制度能够延续近2000年的关键所在。实际上，自西晋建立五礼制度之后，后世礼典撰述围绕帝王贵族制礼形成了套路，没有实质性的变化。如吉礼中最为重要的郊祀制度为历代帝王所继承，即便坚持民族传统的元朝统治者，也最终认同了郊祀祭天的礼仪。吉礼中宗庙祭祀，历代在具体庙数上虽有多寡，祭祀对象有所不同，具体仪式也略有差异，但他们都把祭祀宗庙视为宣示正统王朝世系传承的重要的礼制仪式。嘉礼中的婚礼，军礼中的阅武、受降、救日伐鼓，凶礼中的服制及具体丧葬仪式，历代都不同程度地承续着。这说明集权礼制是最适合封建专制主义政体的礼制形式。

东晋至隋朝时期，是中原地区的汉族与周边少数民族激烈冲突的时期，同时也是民族大融合时期。从整体上说，少数民族在中原地区建立了政权，在与汉族交往中，他们许多有民族特色的礼仪、礼俗逐渐融入中华礼制体系中去，成为中华传统礼制发展的重要动力，也可以说更加完善了中华传统礼制，奠定了后世王朝兼容并包的礼制发展方向。孝文帝的礼制改革摈弃了鲜卑族因素，极力推行汉式礼仪。北齐也是少数民族政权，直接或间接地吸收了东晋南朝礼制发展的新成果，推行汉式礼仪。北周武帝通过借鉴北齐礼仪，也吸收了东晋南朝礼制的因素。隋文帝时《开皇礼》主要依据以北齐礼，兼采梁、陈之礼，也保留部分北周礼仪。可见，魏晋至隋朝，少数民族礼制融入汉族礼制之中，为中华传统礼制的完善起着非常关键的作用。

大唐盛世开启了集权礼制的历史新纪元，即集权礼制到了完全成熟阶段，五礼制度的创制达到鼎盛。唐宋鸿篇巨制的礼典和以宋代理学家为代表的礼学理论，是唐宋阶段的双璧。唐自太宗起，先后修撰了贞观、显庆、开元等颇有影响的三部礼典。《旧唐书》记载房玄龄等人对禘祭、神州、封禅以及“皇太子入学及太常行山陵、天子大射、合朔、陈五兵于太社、农隙讲武、纳皇后行六礼、四孟月读时令、天子上陵、朝庙、养老于辟雍之礼，皆周、隋所阙，凡增多二十九条。余并准依古礼，旁求异代，择其善者而从之”，可以看出《贞观礼》在一些重大礼仪上有补充与完善，突出了专制皇权和大一统因素，奠定了唐宋两代礼制修撰的基调。《大唐开元礼》则是中华礼典的典范之作，它围绕着帝王礼仪展开，极其完善与周详，对后世礼典的修撰起着标杆作用。宋代先后有《开宝礼》《太常因革礼》《政和五礼新仪》及《中兴礼书》，礼典之多，规模之大，礼目之全，礼仪之丰富，都远远超过前代。就现存礼典来看，《大唐开元礼》和《政和五礼新仪》是其中代表。两书篇帙巨大、构建精密、礼仪繁琐，可谓中国传统礼制史上之最，自然也代表着古代中国礼典撰述的最高水准。从这两部礼典内容来观察，吉、嘉、军、宾、凶五礼主体是有关帝王及其亲属的礼仪，即使提及臣民，大多是他们向帝王致礼的内容，如群臣诣阙上表、赐酺之类；在百官相见仪制，或丧葬、服制中附带提及一些臣民的内容。这里可以充分看出唐宋礼典确实是为封建专制集权政体服务的，体现出强烈的尊君抑臣色彩。

宋代理学家的礼学理论，已经摆脱汉唐的疏释式的解经倾向。按照朱熹的说法，礼制是“天理之节文，人事之仪则”，将天理与礼紧密地结合在一起。程朱一派提出“礼即理也”的命题，将礼制天理化，从本体论的高度来阐发礼制的精神实质，其理论水准达到了有史以来的新高度，也是整个中国封建社会中礼学理论水平最高的时期。自宋以后，礼学思想缺乏创新精神，基本沿袭宋儒理论。

唐宋既是中华传统礼制专制主义思想的高峰，同时又将礼制向基层百姓扩散，这被学者称之“礼仪下移”，这是古代中国礼制演化的一个重大转折，与隋之前完全不同。唐代礼典出现少量有关普通百姓的礼仪，如对婚礼的规定；宋代礼典涉及普通百姓的礼仪更多一些，不但在庶民百姓婚礼有相关规定，在凶礼方面同样也有一些具体规范。需要补充的是，唐宋两代士大夫对礼制向百姓的普及十分积极，唐代的吉凶书仪、宋代司马光《书仪》和朱熹《家礼》是这方面的代表。唐宋时期各级地方官员对百姓进行礼教工作，推广国家礼典规定的某些礼仪，积极禁绝民间杂祠淫祀，还将那些在地方上影响较大、对政权没有直接危害的神祠，申报朝廷予以封赐，纳入国家礼典之中。一些士大夫也致力于教化百姓，除上述提及的《书仪》《家礼》外，北宋蓝田吕氏家族编的《乡约》，也对百姓日常礼仪、习俗进行了规范，影响极大。正由于唐宋时期地方官员致力于推行礼仪，过去只在庙堂之内的礼仪逐渐为民间百姓所熟知，在基层社会中形成遵礼讲礼的良善礼俗。

宋代并非是一个统一封建帝国，北宋与契丹族建立的辽国、党项族建立的西夏鼎立，南宋则与女真族的大金对峙。宋与辽、夏、金的对峙与交往，促进了汉式礼仪向少数民族政权的传播，这些少数民族政权程度不同地采纳了汉式五礼制度，这既为中华传统礼制纳入了新的血液，也促进了少数民族政权的长足发展。

元明清时代是集权礼制走向衰弱的阶段。元朝一统天下，其统治政策和文化传统与汉族国家有着极大差异，它采取民族分治的政策，即《元史》记载的“为治之道宜各从本俗”，采取治汉人必以汉法、治北人必以北法的策略，将国内民族分为四等，实行不同的管理。这种胡汉分治的措施实是落后的“夷夏之别”观念的翻版，因此遭受到时人的批评。

保留民族文化并非错误，但元朝在文化政策上显得非常保守。元朝不热衷于与汉文化的交流，视中华礼制如同弃履。成吉思汗、太宗窝阔台及定宗、宪宗均是如此，即使与汉文化有较多接触的世祖忽必烈，也轻视儒家文化。尽管当时儒士赵复、姚枢等人大力推崇理学，传播儒家文化及中华礼学，但效果并不佳，元朝所行用的许多礼仪仍保持着相当多的本民族因素。郊祀是中原王朝宣示政权合法性的重大礼仪，南郊祭天配祖，亲祀以显示尊天敬祖之意，政治意味极其浓烈。但蒙古族祭天礼是祭长生天，与汉式礼仪郊祀祭天之礼完全不同。元朝祭天礼始于宪宗即位次年，冕服拜天于日月山，在时间、地点、仪节的安排上，都是纯蒙古式祭天仪式。世祖共举行3次祭天礼：即位、受尊号和平宋，其中两次按蒙古“国礼”举行，仅是受尊号时在汉臣强烈要求下依唐代天地合祭形式举行，但具体礼仪又有减杀，体现出世祖对中华传统礼仪并不太愿意接受的心态。世祖之后，尽管大臣们屡有亲祀南郊的建议，然直到至顺元年文宗才勉强亲行之，自世祖混一六合，至文宗凡七世，南郊亲祀之礼才首次举行，此距元朝灭亡仅38年。元朝帝王祭祀祖宗，割牲、奠马湩、以蒙古巫祝致辞，都是蒙古旧俗。蒙古国君死，斡耳朵（宫帐）作为祭祀之陵寝，每年在大都的烧饭院中对已故帝后进行祭祀，所行祭仪都为蒙古族传统仪式。在汉臣力劝之下，元世祖才设立宗庙之礼，但并未遵行汉式礼仪，既无左昭右穆之制，又将没有当过皇帝的成吉思汗及四子、世祖的两兄一并迁入。显然太庙有名无实，不过是模仿汉制供奉神主的蒙古族祭拜祖先的场所。从庙室数来看，元朝最多时为十二室，元末才定下十一室之制。这都不符合汉式庙制。

元统治者钟情于本民族礼仪，这是他们的选择自由，无可厚非，然而故意与汉族礼仪严加区分则不值得肯定，因为这不利于中华文化的交融与发展。与唐宋礼制相比，其汉式礼仪因素大为降低，礼仪程式出现了严重的衰退。

朱元璋起兵反元，以华夷之别为旗号，以争得正统权与民心。从历史主义的角度来分析，朱氏此举也无须多加苛求，当然这种“排夷”的意识并非是正确的观念。朱元璋在打天下之时便开始着手礼制建设，他认为元朝废弃礼教，中国之礼变易殆尽，因此他力图重新恢复汉式礼仪。从整体上看，有明一代的礼制严格遵循专制、集权的原则。洪武二年，太祖诏修礼书，声称军政当取法于唐，典礼当取法于宋，次年九月成《明集礼》50卷。该书以“五礼”为纲，以仿效唐宋礼典、革除夷风胡俗为核心，几乎涉及唐宋五礼的全部礼目。明太祖以批评墨守“周礼”的儒臣来显示乾纲独断，甚至否定了礼部依《周礼》考定的飨食礼，其他如丧服、祭祀、庙制都突破周制束缚，以己意进行改易。太祖一系列的做法，实际是要宣扬皇权的权威，牢牢掌握制礼话语权。《明太祖实录》记载了他强调的“礼制以辨贵贱，明等威”，因此《明集礼》有浓厚的尊君抑臣、贵贱有序、等级分明的色彩。它以皇帝之礼为主，同时涉及王国之礼、群臣之礼及庶民之礼，明确规定不同等次之人有不同隆杀之礼，不允许违礼逾制。例如中央与王国两等，王国参照中央朝贺之仪，正旦、冬至及千秋节，封国中的文武官向亲王、王妃致贺，行八拜礼。社稷分为国家社稷、王国社稷、郡县社稷、诸里社稷四级，礼有隆杀。这些既彰显朱明王朝的皇族血统，又区分出级差，构建成贵贱有序、等级森严的礼制秩序，与前代相比，确实强化了专制集权政体下的礼制。

其后，永乐至嘉靖之前，历朝皇帝对洪武礼制进行过一些修订。大致说来，祭礼、军礼、宾礼变动很少，嘉礼、凶礼变动较多。这些创制或更定之礼，总体上是继承洪武尊君抑臣之制的，体现出专制之本质。如"大礼仪之争"，嘉靖皇帝为了让生父入宗庙受祭，采取各种手段，不惜用罢免首辅杨廷和来杀鸡儆猴，以夺俸、廷杖来处罚反对自己的大臣。就集权专制而言，嘉靖比洪武有过之而无不及！嘉靖之后，穆宗对嘉靖礼制有所厘正，简化礼仪。此后诸帝在礼制上虽有所更革增减，然大致沿袭了嘉靖礼制，专制主义集权态势也没有任何改变。实际上，这种专制在《大明律序》中早有表述，即"明礼以导民，定律以绳顽"，其目的便是加强专制统治，维护朱明江山。明朝专制集权还表现为对士大夫思想管控非常严厉，动辄镇压有异议的士人，不断制造文字狱，成祖时编定《五经大全》《四书大全》和《性理大全》，在学术领域实行一统，进行专制统治。在这种态势之下，明朝的礼学思想自然难以获得发展。

明亡清继，思想文化、政治氛围没有改变。清朝仍然实行严厉的思想管控，尤其康雍乾三朝，知识精英们在高压之下集体沉默，思想界沉闷抑郁，因此在礼学思想上甚少突破，从中也可悟出集权礼制走向没落的思想原因。

清朝礼制建设分为三个阶段，顺治入关前行用的满族礼仪是带有地方色彩的汗国礼仪。汗国礼制带有浓厚的家族色彩，如天聪还是四大贝勒共同理政，三大贝勒“礼与汗同”，即使是大汗，元旦仍要到大贝勒家行拜兄之礼。《满文老档》保存了天命、天聪两朝的称汗礼、元旦庆贺礼仪、君臣抱见礼、官民相见礼、祭葬礼、祭纛拜天礼、大阅等军礼，也有服饰、仪仗之规范。尽管已经存在尊卑等级规定，但其仪制与汉式礼仪有较大差异，只能视为受汉式礼仪影响。

顺治入关前后到乾隆朝修成《大清通礼》前是其礼制发展阶段，表现为吸收明代汉式礼仪，力图建立混融满汉的礼制体系，绍续中华传统礼制的“礼统”，从而汇入中华传统礼制的主流之中。崇德改元，皇太极改革汗国之礼，逐渐认可了儒家礼仪观，开始向汉式的集权礼制发展。如崇德之后先后改定的即位、祭天、祭太庙、祭堂子、籍田、庆贺、服饰、仪仗、军礼等，新创祭太庙、封爵、册封、迎诏、京官回避仪、官员仪从、命妇车制、祭孔等礼，汉式礼仪因素极为浓厚，奠定了大清帝国礼制的基础。

乾隆年间完成的《大清通礼》，对帝国礼乐制度进行重新塑造，这是清朝礼仪发展的第三阶段。此时，清政权行用满汉合璧的礼制，形成有自身特色的集权礼制体系。《大清通礼》中吉礼基本承袭明礼，另有《钦定满洲祭神祭天典礼》载满族礼仪，显然清朝祭礼是满汉兼用。除皇帝、满族贵族外，一般士大夫婚礼也与明代相同。丧礼基本采用汉式之礼，皇帝大丧与明朝相同，但百日不薙发，初祭、大祭、月奠、百日祭等行用入关前满族礼仪。自顺治入关后强行推行薙发，作为判断民众顺逆的标志，因此《大清通礼》没有冠礼。在服饰上，乾隆修成《皇朝礼器图式》，书中有冠服4卷，服饰主要是满洲式样，与汉式不同。太庙之制也有满族色彩。汉式太庙有昭穆之制，原配皇后才能祔享太庙，一般一帝一后，另行祧庙制度。清朝则沿袭明代不祧庙，历代皇帝均置于庙中，祔庙皇后不拘原配，甚至多达祔四后。

总之，清朝延续了专制的汉式集权礼制，并附以满族形式，形成区别于前代的颇有特色的满汉混融的礼制形式。

道咸以降，西方列强以坚船利炮打开中国大门，西风东渐，中华传统礼制遭遇极其激烈的冲击，面临着严酷的危机。到20世纪初，中西文化碰撞越趋激烈，大清龙旗黯然降下，民国政府建立，中华传统礼制面临着更为严峻的挑战。

应当注意的是，近代中国面对的是经过人文主义熏陶和文艺复兴洗礼、经历了宗教改革与近代工业化锤炼、整体超越中华农业文明的西方工业文明。就此而言，随着中华帝制的衰弱，基于农业文明基础上、依赖封建专制帝制生存的中华传统礼制到了生死存亡的关头。其实道光朝面对的国际形势大变，国家遭受生死危亡之际，清政府曾设礼学馆，拟修订礼制来表示改革宪政，以争取民心。但实际上仍沿用《大清通礼》五礼体系，作部分增删，仅宾礼上向西方礼仪靠拢。这种换汤不换药的礼制变革受到时人批判。茅海建认为晚清思想革命的主体是包括众多官员在内的清朝最高精英层，“他们代表着那个时代学术的主流，代表着知识的最高阶层，也是思想影响力最大的团体”。从借鉴西方礼制来构建近现代新礼制体系来看，这些晚清大臣及开明人士顺应时代潮流，开风气之先，为民国礼制改革奠定了思想基础。

民国伊始，要求摈抛专制主义的集权礼制、重新修礼的呼声日益强烈。不过，在如何修改的问题上，各人表达的声音是不同的，乃至还有“借尸还魂”，大搞旧礼复辟，袁氏帝制复辟便是典型例证。实际上，民初要求改变专制主义的集权礼制、重新修礼已有一定的思想基础。晚清时，西方传教士与晚清出使西方的中国使节都对西方礼节做过介绍，编译出版过《西礼须知》《戒礼须知》和《泰西礼俗新编》，较为详细地介绍西洋礼俗，无疑是开民智之事。

南京临时政府则从具体改革上表达了对旧礼制的态度。成立之当天，内务部发告示，规定“国民服制，除满清官服应行禁止穿戴外，一切便服悉暂照旧”，走出了改革旧礼制的第一步。此后对各地庙祭，如祭孔子、关帝、先农坛、岳武穆、周濂溪、贺文忠公等也有具体规定，强调“必功德在民，方足以享庙食。其有关于迷信及涉于满清一家之崇奉者，似于共和时代不宜存在……其余各祠庙均应停止，以节糜费”。临时政府曾拟于内务部下设礼教局，主持礼制改革。遗憾的是，政权易手袁世凯，临时政府革旧布新工作未遑展开就夭折了。

自袁世凯当上总统起到张作霖为止，北京政府首脑走马灯式地更换，礼制“改革”成为他们复辟、集权己手的工具。袁氏操纵礼制编订会（后更名礼制馆），先后编成《祀天通礼》《祭祀冠服制》《祭祀冠服图》《祀孔典礼》《关岳合祀典礼》《忠烈祠祭礼》《相见礼》，用作其复辟集权的工具。袁氏复辟之时，一帮封建残渣余孽为其出谋划策，祭孔、祭天、即位，破坏宪法，一幕幕复辟大戏都行用旧式跪拜礼，旧礼复辟活动达到高潮。袁氏失败后，新任国务总理段祺瑞下令废止袁氏所制之礼。其后，段祺瑞先后操纵的修订礼制处与礼制编纂会、曹锟授意加快编制《中华民国礼制》、张作霖设置的"礼制馆"，都无疾而终，制礼成为北洋军阀们的掌中玩物。

1928年6月21日，南京政府成立"礼制服章审定委员会"，开始制订新礼历程。到1937年11月迁渝为止，在礼制改革上做过一些工作。例如规定政府公务人员制服用中山装，还颁布过警察、检察官、律师、铁路、学生、陆军及航空系列的服饰制度。在婚丧礼方面，1930年颁布中西并用的《婚丧仪仗暂行办法实施细则》；1932年特令重拟"婚丧礼制条例"，并于1933年5月初步完成草案。公祭礼方面，1935年7月，上海特别市执行委员会拟订"公祭礼节暨追悼会仪式"奉准备案；1937年6月颁布《公祭礼节》。尽管南京政府颁布过一些法令来推行礼制改革的成果，但由于国内诸种矛盾积重难返，其成果颇为有限。

1943年8月，国民党政府召开"礼制谈话会"，参加者为有关部门工作人员；11月在重庆北碚温泉举行礼制讨论会，由戴季陶主持，约请30余人，历时10天进行礼制研讨，此即著名的"北泉议礼"。会议成果是制订出贯串戴季陶思想的《中华民国礼制》，这是中国近代以来国家层面上最大规模的一次制订礼制活动。抗战胜利后，国民政府行政院再次修订《中华民国礼制》，至1946年冬大致拟定，名为《中华民国通礼（草案）》。此草案也受到戴季陶思想的影响。《中华民国通礼（草案）》以五礼分类，然根据社会需要，斟酌古今中外，设定名目。从具体内容看，专制集权体系下以皇帝为中心的礼制体系被打破，设置了一些符合时代变迁的新礼，具体仪式也大幅度做了简化。但戴季陶对中国传统文化的态度属于保守派，在礼制改革方面属于温和的改良派，试图从民族固有文治传统中开拓出中华民国融入并自立于现代世界的制度与精神要素。实际上，戴氏将许多传统的旧礼内容塞入新仪体系之内，如规定父母之丧三年，夫妻之丧一年，服丧期内停止婚嫁，显然沿用古制。婚仪包括议婚、纳币、请期、戒宾、亲迎、成婚、合卺、谒见、飨妇、礼宾、谒祖、见舅姑，也几乎是旧婚仪的翻版。总之，这两个草案虽然正式发布，但它仍然以传统五礼为标目，同时也含有较多集权礼制的因素，乃至保留某些旧礼仪，改革并不彻底，显然未能完成制礼的除旧纳新工作，没有正确地完成中华传统礼制的现代性转换。

二　中华传统礼制变迁的内在动力

中华传统礼制变迁是由内在动力所决定的，即在于礼的具体形式与内在精神的矛盾。

《礼记·郊特牲》云：“礼之所尊，尊其义也；失其义，陈其数，祝史之事也；故其数可陈也，其义难知也。”清人孙希旦《礼记集解》道：“愚谓礼之数，见于事物之末；礼之义，通乎性命之精。”这句话区分出礼数与礼义两个不同的范畴，礼数“见于事物之末”显然指礼的外在形式，即具体礼仪形式；礼义“通乎性命之精”则是礼的内在精神。在《郊特牲》作者看来，礼义重于礼仪，即“礼之所尊，尊其义也”。

“礼”作为人际交往之工具，是伴随着人类出现而产生的，因为有了人类，就有了人与人之间的交往，相互交往就需要一种双方认可的表达一定含义的行为规范，这就是原始之“礼”——礼俗。其实这种原始礼俗极其简略，最初也难以统一，各自按照自己的理解来行用，当然会影响到交往，因而也就需要在交往中不断加以变革和统一，确认交往双方都认可的含义，如此才能进行有效沟通并体现出相互尊重之意。《墨子·尚同》曾说：“古之民始生，未有正长之时，盖其语曰‘天下之人异义’。是以一人一义，十人十义，百人百义，其人数兹众，其所谓义者亦兹众。是以人是其义，而非人之义，故相交非也。内之父子兄弟作怨仇，皆有离散之心，不能相和合。”“人异义”是指人们对刑政有不同见解，是己非人，乃至导致父子兄弟之间“作怨仇”。刑政当然包括礼乐制度在内，如果对礼乐制度有不同理解，确实会影响到人际交往。因此墨子认为：“民之无正长以一同天下之义，而天下乱也，是故选择天下贤良圣知辩慧之人，立以为天子，使从事乎一同天下之义。”也就是说：没有“正长”来统一刑政之义，天下就会出现动乱，因此就需要选择“天下贤良圣知辩慧之人”

为天子，以便“一同天下之义”，从而防止出现动乱。在墨子看来：“天子唯能一同天下之义，是以天下治也。”墨子论统一刑政（当然包括礼乐制度）的重要性，认为其“义”需要“天子”（可视为权威机构）来统一。就礼制来说，实际上是概括出了原始礼俗向制度之礼演进的过程。在这个过程中，礼之“义”趋向于统一——这是权威机构以制度形式对礼之“义”加以认定、规范，这是“礼俗”走向“礼制”的关键一步。不过，墨子认为只有天子才能统一礼之“义”的说法并不妥当，因为在出现“天子”之前，人类有非常长的一段时间需要交往，在一定范围内不可能没有双方认可的礼之“义”，虽然这种统一的“义”是礼俗层面的，而非礼制层面的。

随着权威机构对礼之“义”加以规范，原来“十人十义”的礼俗之“义”便会在更大范围获得统一与认可，其表现形式（礼之数）自然会随之变化而获得统一。可见，最初之礼俗向制度之礼变迁的过程中，礼之“义”的变化是极其重要的因素，而权威机构之规范最终促使礼俗向礼制的转变。这也就是人们常说的“礼成于俗”或“礼出于俗”之意。从内容与形式角度来阐述，即礼之内容（义、礼义）决定了礼之形式（数、仪节）的变化，由此我们就不难理解“礼之所尊，尊其义也；失其义，陈其数，祝史之事也；故其数可陈也，其义难知也”这句话的确切含义了。随着社会变迁，从总趋势上说，人们对礼之“义”的认识当然会加深，就会对“义”做出与以往不同的解释，那么礼之“数”也必然随之而变。即礼之数从基本符合礼之义，到人们对礼之义认识的加深，又出现礼之数不符合礼之义，于是礼之数需要进行变革，以便再次符合礼之义，如此循环往复。这就是中华传统礼制变迁的内在动力。

实际上，礼之义的演化是古代中国的思想家、学者们对社会、历史的认识不断深化而导致的。例如，周朝在吸取商朝灭亡教训后，非常重视“德”，因此在制礼过程中强调德之作用，从而制订出周礼，成为王权礼制发展的重要代表。又如西周宗法制强调嫡庶之别，只有宗子才有对祖先的祭祀权，故《汉书》归纳为“诸侯夺宗，圣庶夺適”之原则，班固《白虎通义·宗族》中也强调“诸侯世世传子孙，故夺宗。大夫不传子孙，故不夺宗也”。然到三国两晋时情况发生变化，士族势力逐渐登上并占据了历史舞台，故《晋令》规定“诸官家庙以品秩为定”，即承认有一定品秩的官员可以立家庙祭祀，开启了别子为宗的先河。至唐宋礼制下移，虽仍有宗子、庶子之别，但允许离开家族所在地的庶子可以另建家庙进行祭祀。宋代宗族崛起，聚族而居成为一种态势，因而出现宗族祠堂，一族共祭自己的祖先，由族长主持。族长可以不是宗子。然而，离开宗祠所在地而到其他地方居住的族人，在其后发展中也允许设立新祠堂祭祀祖先，这是唐代家庙制度在宋代宗族崛起后的发展。显然，社会的发展使礼之“义”产生了变化，而这些变化又促成了有关祭祖礼的演化。屈大均《广东新语·祖祠》也说：“今天下宗子之制不可复，大率有族而无宗。宗废故宜重族，族乱故宜重祠。”实际便是指这种祭祀制度变迁的趋势。

其实，儒家创始人孔子认为夏商周三朝之礼都是对前代进行损益，即强调礼是可以根据时势变化而作损益更革的，时势变化要求对礼义重新加以解释，重加解释后的礼义又要求礼仪加以变革。这成为后代变革礼制的圣人之训。《淮南子·齐俗训》说“义者，循理而行宜也”，即循理行宜便是“义”。战国时期社会变动激烈，一批儒家学者对礼之义与礼之数进行了深入而又细致的探讨，奠定了中华礼学的思想基础。但不能否认的是，当时法家思想家对仁礼等儒家思想观念进行批判，强调法治与集权，也为秦统一之后集权礼制的出现起到推波助澜的作用。于是我们可以看到，秦始皇虽然不看重、不依靠儒家，但创建专制主义的集权礼制仍是以儒家思想为基础的，这是因为他看到了以儒家思想为基础的礼制强调尊君抑臣，对确立专制皇权和大一统国家的作用。汉初儒家开始复兴，随着大一统国家的强盛，建立符合国情需要的专制主义的礼制已经成为时代的需求，经过经今文学派与经古文学派的争辩，到东汉郑玄阐发了三礼之义，基本确立了儒家思想对经典著作的解说权，尽管此后王肃对郑玄礼学有一定的批判，但主要观点上两者是一致的，只是在一些具体问题上有分歧而已。以郑、王为代表的儒家思想家完成对三礼的理论阐述与构建，直接导致西晋五礼制度的诞生，从思想层面来说，完成了王权礼制向集权礼制的彻底转化。后世王朝在制礼过程中，也常常伴有许多争论，或依郑玄，或依王肃，乃至自创新论，也促使仪节的变迁。以唐代为例，唐太宗时已制订了《贞观礼》，而高宗时又制订了《显庆礼》。吴丽娱先生指出：“其规模虽然超过

《贞观礼》，整个修撰过程却充满矛盾，以至前后阶段旨趣截然相反，最终某些观念与《贞观礼》形成对立，甚至在方向上发生了扭转”，这里所说“旨趣”“某些观念”都有指对礼之“义”的解释。因此，《显庆礼》出现的变化，是基于高宗及许敬宗、李义府等人对礼义的理解之上。然而行用以后，学者纷纷议论，以为不及《贞观礼》。于是唐高宗上元三年下诏依贞观礼为定。仪凤二年又下诏，批评显庆礼事不师古，因此诏令每有大事，皆参会古今礼文，临时撰定，而贞观、显庆二礼，仍行用不废。正由于此，玄宗时对《贞观礼》《显庆礼》重加酌定，君臣商讨，最终撰成《大唐开元礼》。

宋代礼典修撰亦是如此。根据楼劲的研究，宋太祖时混用唐五代礼仪，并非只沿用唐制。宋太宗朝编《开宝通礼》，真宗沿袭，其实仍基本承唐五代之制。然毕竟时代变迁，对礼之义的看法有所调整，因此宋初数帝在采用某些与前代不同的新礼仪，或废黜某些礼仪时，则另外以编敕形式加以公布。积累已多，英宗治平二年欧阳修提议编纂《太常因革礼》，对前数帝行用或废黜之礼仪加以清理，作为行用礼仪的依据。《政和五礼新仪》前有《御笔指挥》，载大观元年徽宗一段话：“治定制礼，百年而兴，于兹其时，可以义起。”因此徽宗命礼官讨论“宫室之度，器服之用，冠婚之义，祭享之节”。也就是说，徽宗认为制礼可以“以义起宜”，故可对前代礼仪进行一些更革。在这一思想指导下，徽宗朝制订出《政和五礼新仪》。徽宗时期的制礼是根据“礼，时为大”这一礼制变革的基本原则，符合《淮南子》所说的“以义起宜”，即强调当时社会变化导致礼之义产生变化，那么礼之数也应当相应变化。徽宗朝制订一朝礼典，充分说明礼之义与礼之数的矛盾是礼制变迁的内在动力。

在古代中国，类似的例证不计其数，无须再举。总之，中华传统礼制的变迁主要由内在动力所致，即时代变迁促使人们对礼义的认识不断深化，这是推动礼仪变迁的根本动力。反之，礼仪变化促使人们对礼义进一步探讨，这同样会促进礼仪再次演化。正是这种礼仪（礼之数）与礼义（礼之义）的内在张力，使中华传统礼制在数千年的变迁、发展过程中呈现出繁花似锦的无限魅力，吸引着无数学者殚精竭虑，乐在其中。

实际上，人们在社会实践过程中加深了对礼之义的认识，促进了中国古代礼学思想的不断发展，而礼学思想发展的程度又不能脱离具体历史条件的践履。也就是说，历代的礼仪实践需要在不同的礼学思想的指导下展开，一切礼制的变迁都与社会实践下的礼学思想的变革难以分开。需要补充的是，礼学思想不仅仅体现出礼学家对礼制变迁的理论思辨，同时也表达了他们的政治、经济、军事、文化、伦理等方面的现实诉求。那种符合统治集团意愿的礼学观点，就可能转化为制订礼制的指导思想或具体政策。概而言之，中华传统礼制的变迁主要是礼之数与礼之义内在矛盾运动的必然结果。

第三章
奕世垂范

《左传》:“夫礼，天之经也，地之义也，民之行也。”

《礼记·礼器》:“礼，时为大。”

《礼记·郊特牲》:“礼之所尊，尊其义也；失其义，陈其数，祝史之事也；故其数可陈也，其义难知也。”

《礼记·乐记》:“礼以道其志，乐以和其声，政以一其行，刑以防其奸。礼、乐、刑、政，其极一也，所以同民心而出治道也。”

一 “礼，时为大”

中华传统礼制传承了数千年，上自帝王、下至芸芸众生都遵循它，将其作为日常行为准则。但是，各朝各代礼制确实又有所不同，那么中华传统礼制变革的基本原则是什么？一言以蔽之，就是《礼记·礼器》所说的“礼，时为大”。清儒焦循在

《礼记郑氏注》中称赞此语说:“此一言也，以蔽千万世制礼之法可矣。”“时为大”是中华礼学最为核心的观点之一，强调与时俱进、随时而变，是历代儒家学者的共识。

实际上，中华传统的变革主要是礼仪制度和礼仪形式的变迁。比如西周的王权礼制演变为秦统一之后的集权礼制，就是属于礼仪制度上的重大变迁；具体礼仪的变化，则是指某一礼仪在不同时代出现形式上的一些变化。这些变化的出现，是社会发展的必然结果，也是人们对礼义认识的不断深化，具体表现为礼学思想的不断发展。礼学思想不仅仅体现出礼学家对礼制变迁的理论思辨，同时也表达了他们的政治、文化、伦理等方面的现实诉求。那种符合统治集团意愿的礼学观点，才有可能转化为制订礼制的指导思想或具体政策。

“时为大”要求礼制与时俱进。时代发展了，礼仪也需要做出相应调整，固步自封、不求更革，就会给社会带来危害。那么，礼为何会与时俱进、随时变迁？儒家学者大多认为礼与情有关。《礼运》记载了孔子的观点:“礼，先王以承天之道，以治人之情，故失之者死，得之者生。”孔子将礼提高到国之兴亡、人之生死的高度，没有脱离情。《论语》记载宰我问子为父母三年之丧，孔子称“子生三年，然后免于父母之怀。夫三年之丧，天下之通丧也”，为父母服三年丧是基于父母对子女曾有养育之情。孔子此语成为后世儒家论情礼关系的准则。《礼记·三年问》强调“三年之丧，人道之至文者也”，郑玄注“称情而立文，称人之情轻重，而制其礼也”。《史记》称“观三代损益，乃知缘人情而制礼，依人性而作仪”，此为天下通则。《汉书》说得更为明白：“人性有男女之情，妒忌之别，为制婚姻之礼；有交接长幼之序，为制乡饮之礼；有哀死思远之情，为制丧祭之礼；有尊尊敬上之心，为制朝觐之礼。”宋代大儒朱熹《晓谕居丧持服遵礼律事》一文也认为：“昔者先王制为丧礼，因人之情而节文之，其居处、衣服、饮食之间皆有定制。”显然，“礼之行”需要有“人之情”为基础，要“因人之情而节文”，创制出符合人情、符合先王之法的礼仪规范。这些都是强调礼之产生与行用，必须与人情相合，其演化自然离不开人情之变迁。沈文倬《艮与耤》一文认为“礼是现实生活的缘饰化”，这是有道理的。因为现实生活（社会变迁）自然会导致人之情的变化，人之情变化当然也需要礼仪做出适当调整，故缘情制礼、与时俱进是礼制变迁的关键。

实际上，情、礼关系就是基于社会变革中的人之情与礼之义的关系。《诗谱序》称“王道衰，礼义废，政教失，国异政，家殊俗，而变风、变雅作矣”，“变风发乎情，止乎礼义。发乎情，民之性也；止乎礼义，先王之泽也”。“王道衰”是指社会发生变化，“礼义废”不是不存在礼义，而是原来之礼义随时代变化而发生变化，于是诗出现了变风、变雅。“发乎情”是出于“民之性”，但必须“止乎礼义”，即人之情应当符合礼之义的变迁。也就是说，《诗》批判男淫女奔，伤风败俗之情，目的是针砭时政，匡护礼义。为了扭转世风，防止人之情不符合礼之义的社会现实，那么就要根据社会现实的变迁来更革礼仪，制订出新的礼仪来规范人们，疏导人情，以促使人之情符合礼之义。因此《礼记·郊特牲》称“治国不以礼，犹无耜而耕也；为礼不本于义，犹耕而弗种也”，“知其义而敬守之，天子之所以治天下也”。《礼运》强调“圣王修义之柄、礼之序，以治人情。故人情者，圣王之田也，修礼以耕之，陈义以种之，讲学以耨之，本仁以聚之，播乐以安之。故礼也者，义之实也。协诸义而协，则礼虽先王未之有，可以义起也”。也就是说，治国须敬守礼之义，即使先王之制所无，亦可随时“依义”制礼。宋儒张载《经学理窟·礼乐》对礼的与时俱进做了进一步发挥：“时措之宜便是礼，礼即时措时中见之事业者。非礼之礼，非义之义，但非时中者皆是也……时中之义甚大，须是精义入神以致用，始得观其会通以行其典礼，此则真义理也；行其典礼而不达会通，则有非时中者矣。”由此可见，时代变革，人之情与礼之义两者会出现矛盾，为了化解矛盾，便需要礼仪进行一定的更革，如此礼制随时变迁就成为必然。

由此可见，“礼，时为大”是儒家学者一以贯之的中华传统礼制变革的基本原则，“称情而立文”“因人之情而节文”“可以义起”等，都是儒家学者在“时为大”基础上引申出来的论述。

二　世殊礼异

世殊礼异是中华传统礼制的践履特征，体现了礼制变迁与礼之践履的关系。其原因十分简单，因为在古代中国，礼从来便是行用于现实社会之中的，人们通过践履来体现国家所规定的礼制，但是随着社会变革与礼制变迁，人们所行用之礼当然必须随时更革而适应它们。《乐记》曰：“五帝殊时，不相沿乐；三王异世，不相袭礼。”五帝三王，异世殊时，礼乐之制自然也随之而变，这符合孔子的损益论。在这一理论的指导下，中国历代王朝制礼改乐就有了充分的理论根据。

在古代中国，帝王以及儒臣们都会号称继承“先王精神”来创制适用当世的“今典”。代表“先王精神”者是三《礼》，体现“当世今典”者是各朝具体礼制。吴丽娱先生认为：“礼制的沿革变化，与经济发展及社会变革同步，是上古三礼精神原则的不断实践，也是当时当代社会变迁和实际政治生活的产物。”甚至可以说，整个中国古代礼制史，几乎都是围绕着汲取先王之“礼”与创制“今典”展开的，践履“今典”之礼，便是中华传统礼制变迁的特征。

在践履礼的过程中，有“得与民变革者”和“不可得与民变革者”之分。这一规定见于《礼记·大传》：“立权、度、量，考文章，改正、朔，易服色，殊徽号，异器械，别衣服，此其所得与民变革者也。其不可得变革者则有矣。亲亲也，尊尊也，长长也，男女有别，此其不可得与民变革者也。”也就是说，亲亲、尊尊、君君、臣臣，这纲常是不可变者，即所谓的礼制之大节目、大纲领，也就是儒家所推重的礼义，这一礼义说穿了便是坚持帝王专制政体和贵贱等级制度；而文章、正朔、器械、衣服、度量衡等可以变革者，则是具体礼仪之仪节。

中华传统礼贯串着古代中国，其发展历程甚久，自然某些礼义在坚持亲亲、尊尊、君君、臣臣的基础上有所变化也在情理之中。众所周知，中华传统礼制的根基在于对人际（人伦）关系、等级制度的认识，尤其在丧服制度中体现得极为突出。丧服亲亲、尊尊的礼义，反映了先秦时期家族伦理关系中父权至高无上的地位，曲折地反映出政治伦理上的君臣关系，故而有不二尊、不二斩之说。随着社会的发展，后世父权虽然仍重，可是对母亲的感情却在一定程度上得到伸张。于是我们看到，《仪礼》所记为母亲服丧的标准，是“父在”为母齐衰杖期，“父卒”为母齐衰三年，均达不到为父斩衰三年的程度。然而唐高宗时武则天上表要求无论父在与否，为母均服齐衰三年，玄宗《大唐开元礼》则明确列入这一规定，丧祭等级有所提高。此后宋代官修《政和五礼新仪》、私修《书仪》和《家礼》，乃至《明集礼》均沿袭不改。而《明会典》又更改为斩衰三年，即母服与父服同等，其尊母又超过唐代。清代雍正三年大清律，甚至将承重孙“祖在”为祖母所服的齐衰杖期也改为斩衰三年。丧服中不断提高直系女性等级，反映出人们在礼制践履过程中对“亲亲”认知的加深与转变。

其实，社会发展必然决定后世不可能完全照搬前代制度，这是礼制随时而变决定的，符合“时为大”的礼制变革原则。一个明显的事实是，历代政权在修订礼典时并不严守前代礼制束缚。号称“大汉继周”的汉王朝，宣帝明确宣称：“汉家自有制度，本以霸王道杂之，奈何纯任德教，用周政乎！”也就是说，汉朝并未从主观上完整接纳周代的礼乐制度，而是有所取舍。少数民族政权也同样如此。蒙古族建立了元朝，虽因客观形势所迫和中原儒士的劝说，他们不得不部分地采用了“汉法”，但宫廷仪制与祭祀大多具有二元性，往往是蒙汉礼制的混合。同样，满族入关后，自称继中华之统绪的清政府大量推行并行用汉式礼仪，同时又保存着部分满族礼仪。乾隆朝修成的《大清通礼》，在服饰、婚丧、跪拜等方面仍然与汉制有较大不同，甚至还另纂《钦定满洲祭神祭天典礼》，保留了纯粹的满族礼仪。

即便是同一王朝之内，礼制也不可能由始创王朝者确定而后世沿袭不加变革，因为情况在不断变化，礼之践履也得随时变易。西汉初，叔孙通帮助高祖定朝会仪，东汉曹褒又重新制订汉仪。唐高祖沿用隋礼，太宗则撰作贞观礼，之后高宗朝有显庆礼、玄宗朝有开元礼。宋明清诸朝也是屡修礼典。这一切正是基于礼之践履之上。礼之践履具有非常鲜明的时代性，这一特点使得“变迁”成为礼制史发展的一大主题。清儒皮锡瑞指出：“改制度，易服色，殊徽号，礼有明征，而非特后代之兴，必变易前代也。即一代之制度，亦历久而必变。周享国最久，必无历八百年而制度全无变易者。”

礼之变迁和“时为大”并非指一味地弃旧趋新，而是有其深刻的内涵。章学诚强调“制度则必从时”，批评泥古之徒“昧于知时，动矜博古……可御饥寒而不须衣食也”。章氏指出礼制虽然有所损益，但“损益虽曰随时，未有薄尧、舜而诋斥禹、汤、文、武、周公而可以为治者……要其一朝典制，可以垂奕世而致一时之治平者，未有不于古先圣王之道得其仿佛者也”。也就是说，礼制的变迁是要在保持传统和符合时情这两端中取得平衡，实际是要求在保持礼的伦理纲常、贵贱等级这一关键原则的前提下，而对礼制的细枝末节予以调整。汉儒董仲舒“道之大原出于天。天不变，道亦不变”说的就是这个道理。这与孔子所言“殷因于夏礼，所损益可知也；周因于殷礼，所损益可知也。其或继周者，虽百世可知也”是一脉相承的。朱熹则进一步说“所因之礼，是天做底，万世不可易；所损益之礼，是人做底，故随时更变”，“所因，谓大体；所损益，谓文为制度，那大体是变不得底。虽如秦之绝灭先王礼法，然依旧有君臣，有父子，有夫妇，依旧废这个不得”。可见汉宋两大儒的看法是完全一致的，而他们的看法对时人与后世都产生极大的影响。

朱熹对礼制变迁有这样一种认识，认为践履要体现在对当世礼俗简易趋势的合理采用上。他说：“礼，时为大。某尝谓，衣冠本以便身，古人亦未必一一有义。又是逐时增添，名物愈繁。若要可行，须是酌古之制，去其重复，使之简易，然后可。”显然，朱熹对于礼制的践履特征有着精深的把握，他认为后世礼制变化的总体趋势是“简易”，称后世逐渐简易也符合礼仪演化的历史事实。朱熹的议论是有针对性的，即批评历代不重视民间礼俗，忽视礼的现实践履，这在他所撰述的《家礼》中一再强调“从俗”“从众”的原因。

其实，中国古代礼仪确实随着社会变迁而呈现逐渐简化的趋势，这是社会变迁、生活变易的必然结果。例如，《仪礼·士昏礼》所载先秦婚礼为“六礼”，即有六个主要仪式环节，而宋代《家礼》已经简化为“三礼”：纳采、纳币（纳征）、亲迎，省略了问名、纳吉、请期三个环节。朱熹对此解释道："'礼，时为大。'使圣贤用礼，必不一切从古之礼。疑只是以古礼减杀，从今世俗之礼，令稍有防范节文，不至太简而已。"又如跪拜礼，最初是古代席地而坐行用比较方便的礼仪，《礼记》《仪礼》《周礼》等儒家经典多有描述，这是符合先秦至秦汉社会生活习惯的。唐宋社会坐具发生明显变化，跪拜礼也就不像先秦秦汉时期那样频繁与复杂，但在婚庆丧葬等重要礼节上，跪拜仍非常普遍。清王朝崩溃之后，中华民国政府于1912年8月颁布了《中华民国礼制》，规定"男子礼为脱帽鞠躬"，"庆典、祀典、婚礼、丧礼、聘问，用脱帽三鞠躬礼"，"公宴、公礼或及寻常庆吊、交际、宴会用脱帽一鞠躬礼"，女子"不脱帽，寻常相见，用一鞠躬礼"。《中华民国礼制》之所以用鞠躬礼代替跪拜礼，其原因是当时社会性质发生了重大变革后，当时已经传入的西方民主、平等思想对民众有相当深刻的影响，因此要求废除封建专制的贵贱等级制度呼声日益高涨，其礼仪表现形式便出现了以简易代替繁琐、以西礼取代中礼的现象。从当时情况而言，在最重礼节的国葬礼之中也出现了西式礼仪，如1929年为孙中山举行的奉安大典便是以鞠躬替代了跪拜礼。可见，礼仪践履是随着社会变革而产生变化的。

三　中流一壶

中华传统礼制注重道德修养与道德实践是一种文化软实力，奕世垂范，起到了铸塑道德人格、凝聚人心、推进社会和谐有序发展的重要作用，在中华大地传承数千年。

那么，为何中华传统礼制能够长久传承？或许可以说中华传统礼制是基于农业文明之上，是其适应专制主义、等级制度等特性决定的。这当然有一定道理。然而追问：在中国历史上，魏晋南北朝、元、清等少数民族政权都是专制政权，也讲贵贱等级，那么他们固有的礼制为何不取代汉式礼仪？又为何大多以汉式礼仪为主干，将自己的民族礼制融入进去？显然，传统的汉式礼仪还有中流一壶[1]的原因。我们认为这与中华传统礼制的主要特性有关。自然，专制主义、贵贱等级也是其主要特性，当今是需要彻底摈弃与批判的，除此以外，中华传统礼制传承久远并能光大的特性至少还有以下几点：

第一，中华传统礼制的历史传承性。

中华传统礼制是中华先民世代相传、处世立道的重要准则与精神升华的结晶。在历史发展进程中，人与人、族与族、国与国之间交往与联系的前提便是规范各自的行为。《礼记·曲礼上》开篇即言“毋不敬”，强调双方交往首先要恪守尊人卑己这一基本准则。中华各民族在数千年的文明演进中，逐渐明白并认同这一准则，从而服膺中华传统礼制，达到了诸族和融、共同发展的目的。“和为贵”、尊人卑己是用血写成的历史座右铭。

当然，中华传统礼制还有“礼，时为大”这一与时俱进的改革原则。《宋书·礼志》说：“夫有国有家者，礼仪之用尚矣。然

1　语出《鹖冠子》：“中河失船，一壶千金。”意为渡河落水，系壶（瓠类）不沉，比喻珍贵难得。

而历代损益，每有不同，非务相改，随时之宜故也。”这强调礼制应该采取适宜时代变迁的改革，才能使它传承下去。汉高祖建国，对传统礼制不感兴趣，而叔孙通认为“礼者，因时世人情为之节文”，于是“采古礼与秦仪”，制订出汉礼，最终使高祖服膺礼制。历史传承性证实了中华传统礼制是一种与中华民族同生共长、传承久远并发挥过积极作用的优秀文化传统。

第二，中华传统礼制的民族认同性。

早在炎黄时代，各族群的交往、融合逐渐成为趋势，各族群文化、礼仪相互影响、吸收，形成使用范围较广的诸族共同遵守的礼仪，中华民族称为炎黄子孙也奠定于此时。至少到西周时，华夏族已经形成，他们在与周边所谓的东夷南蛮西戎北狄等少数民族的和好往来和相互争斗中，部分少数民族逐渐融入华夏族，其文化、礼仪、习俗也会带入华夏族中。至于没有融入华夏族者，双方也会相互影响，逐渐形成以中原为中心、涉及区域广大的民族共同体。从《左传》记载看，周边一些夷戎首领还会朝见周天子、向周纳贡，自然也会在一定程度上行用周礼。

魏晋南北朝和元、清时期，少数民族入主中原地区，尽管他们在某一时段内采取过不利于民族和解的政策，但最终回归中华一体旗帜之下，实行民族和解，采纳中华传统礼制，促进了社会进步与经济发展。魏晋南北朝许多少数民族都自称炎黄子孙，建立政权后采纳了汉式礼仪。如鲜卑族建立的北魏政权，建都盛乐之时，便仿照汉族政权实行西郊祭天仪式、改朔颁历，宣示政权的合法性，虽然带有少数民族色彩，但走出了民族融合的关键一步。到孝文帝时，起用南方汉族士人王肃、刘芳等人改革了礼制，更多采纳汉式礼仪，加速了民族文化、礼仪交融的进程。元朝、清朝都实行过民族高压政策，但也最终改道易辙，不同程度地采纳中华传统礼制，弥补了民族差异性，缓和了民族矛盾，从而与被统治的汉族以及其他民族实现和解。中华民族发展的历史充分证实，采纳中华传统礼制是实现民族和解和促进社会发展的重要前提。

第三，中华传统礼制的地域普适性。

中华传统礼制是在中华大地上茁壮成长起来的。在古代中国，各族人民都有相对固定的生活区域和不同的语言、习俗和礼俗，但各民族相互交往中尤其是在与汉族的交往中，受汉族文化与礼制的影响极其明显，逐渐开始认同并遵循中华传统礼制的规范，从而实现了中华一体的相互融合。例如，三国时期西南少数民族首领孟获与蜀汉之争。诸葛亮以礼待之，使孟获最终臣服于蜀汉。孟获表示："公，天威也，南人不复反矣。"孟获所服者并非是比自己强大的蜀汉军力，而是臣服于诸葛亮所持的礼义。历代封建王朝为了加强统治，都很注重对民众进行礼义教化，推行礼制，颁行旌表，乃至通过地方宗族、乡党来大力推行，要求士庶一体遵循礼制。也有士大夫专门著书立说来宣扬和推行中华传统礼制，司马光《书仪》、朱熹《家礼》流传极广，被广大士庶采用。中华传统礼制是从中原地区逐渐向四周扩散的，遍及中华大地，使民庶有礼可依、有据可循。在此意义上，中华传统礼制在广大地域内普遍地发挥着重要的维系封建统治、促进社会稳定与发展的作用是无须争辩的事实。

第四，中华传统礼制的体系开放性。

中华传统礼制形成、变迁及发展的历史，证实它不是一个封闭的、排他的体系，而是一个开放的体系。中华传统礼制萌芽、草创于先秦时期，是在中原华夏族的风俗、礼俗中逐渐孕育并吸纳周边诸族一些因素成熟起来的，进而形成国家层面的行为规范、道德要求。史称周公相成王时曾“制礼作乐”，而《仪礼》将礼分为“冠婚丧祭燕射朝聘”八类，成书于战国时期的《礼记》有“经礼三百，曲礼三千”之说，显然中华传统礼制仍属草创阶段。其间，尽管先秦诸子对中华传统礼制建设起到过一定作用，但孔子创立的儒家思想无疑是中华传统礼制主要的思想支撑，孔子提出的“损益”论也成为后世礼制变革的理论依据。

五礼制度是古代中国成熟的礼制体系。“五礼”始见于《周礼·地官》，仅为“六艺”之一，作为制度层面的“吉、凶、宾、军、嘉”之五礼制度，则初见于《晋书·礼志》。魏晋南北朝少数民族入主中原，在与汉族交往中，他们的礼俗也逐渐融入中华传统礼制之中，促进了五礼制度渐趋成熟。《大唐开元礼》是五礼制度发展到完善时期的代表，它恰恰是在吸纳周边诸民族的文明过程中，使五礼内容更为齐全，仪式更加详瞻，礼容更加优美，成为后世王朝制礼作乐的主要仿效对象。清末至民国初年，随着西方文明进入中国社会，中华传统礼制又在一定程度上吸纳了西方礼仪，更加丰富了中华传统礼制的内容。显然，中华传统礼制具有开放性的特征，能够在与其他文明的交流中，调整自身体系结构，开拓创新、充实升华，从而世代传承而不衰。

第五，中华传统礼制的异质包容性。

异质包容性与体系开放性相辅相成。中华传统礼制在其发展过程中，吸纳异质文化中的合理因素，减少冲突，实现各民族并存共荣。中华传统礼制吸收异质文化例证甚多，不遑枚举。上述提及北魏孝文帝任用王肃等人改革礼制，尽管是以汉族的五礼为其核心，但包含着拓跋族的部分礼制无可怀疑。《旧唐书》称大唐礼乐“杂用吴、楚之音”，“多涉胡戎之伎”，就是指唐代宫廷乐舞吸纳了周边国家、不同民族的礼乐精华，从而行用礼仪时声形更趋完美。

自然，中国历史上也有一些拒绝异质文化的例证。如康熙贬视西方礼仪，认为是异端邪说，从而排斥外来文明，实行闭关锁国，雍正、乾隆继而行之，最终使清王朝孤立于世界发展潮流之外而受辱于西方列强，这一前车之鉴值得我们认真吸取。

第六，中华传统礼制的道德实践性。

中华传统礼制不仅是国家制度，更是一种为人处世的道德规范。孔子对修身立德、行礼律己的前代圣贤赞颂不已，他强调“不学礼，无以立”。知礼行礼、知行合一，便是中华传统礼制的道德实践性，体现出中华先民的主流价值观。

在古代中国，许多前代圣贤并不单纯追求“进退周旋，威仪抑抑”的外在形式，而是进一步探求礼义，即内在的精神实质。《左传》昭公二十五年载赵简子问，子太叔对曰“夫礼，天之经也，地之义也，民之行也”；《论语·阳货》载孔子说“礼云礼云，玉帛云乎哉？乐云乐云，钟鼓云乎哉”，即礼乐不在于外在的形式；《礼记·郊特牲》称“礼之所尊，尊其义也”，尊其义便是追求道德境界，强调道德践履。实际上，中华传统礼制注重道德修养与道德实践是一种文化软实力，起到了铸塑道德人格、凝聚人心、推进社会和谐有序发展的重要作用。

因此，中华传统礼制有利于加强国民对国家的认同，有利于建设“礼宜乐合”的和谐社会秩序与“万邦协和”的国际关系，对中华文化的发展具有重要意义。因为历史传承性奠定了中华传统礼制作为民族文化的地位；民族认同性与地域普适性证明了中华传统礼制流传于中华大地的根源，是反对民族分裂主义的历史根据和思想武器；体系开放性和异质包容性决定了中华传统礼制能够在当今世界多元文化格局中继续生存并发展；道德实践性则是唤醒国人礼义之心的精神动力，并能服务于当今社会。

由此而言，以上中华传统礼制特性，决定其能够华丽转身并为当今社会服务，故而我们应当吸取中华传统礼制蕴含着中华先民之生命经验和生活智慧，充分发掘礼义对人心的凝聚作用，以提升民众道德，去追求社会和谐和国家进步的信念，使其为弘扬民族精神、弘扬正确的价值观服务，使之为中华民族的复兴发挥重要作用。

四　薪尽火传

尽管中华传统礼制产生在农业文明时代，它确实也长期为封建专制政体服务，浸润着封建质核，存在着诸多糟粕，然而不可否认的是，中华传统礼制伴随着中华民族的成长与壮大，蕴含着极其丰富的中华先民的生命经验和生活智慧，它为中华民族的生存、发展曾经提供过有力的庇护与保障，是弥足珍贵的历史文化遗产。尽管中华传统礼制从整体上说已经不适应当代社会，然而薪尽火传，在彻底抛弃其封建质核与糟粕的前提下，中华传统礼制确实存在许多值得令人关注及传承的内容，即在守望本土传统基础之上，又以现代性为标准审视其价值，转换并汲取其精义，使其在新时代条件下重获新生，并为现代工业社会服务。从这个前提出发，我们认为中华传统礼制的传承意义颇大，归纳起来大致有以下几个方面：

首先，中华传统礼制对了解中华民族的传统文化有着无可替代的重要作用。

长期以来，中华民族被称为礼义之邦，能在世界民族之林占有一席之地，是其优秀的传统文化所致，其中中华礼制文化因素占着极其重要的位置。至少从孔子创立儒家开始，儒家文化成为中华文化的主流之一，而儒家文化最为重要的珍贵资源之一便是对礼制文化的论述。因此离开礼制文化就无从谈起中华传统文化。

例如先秦儒家原典，是儒家阐述中华文化的重要记载，是中华传统文化宝库中的瑰宝。它内容极其丰富，包罗万象，涉及政治、经济、法律、道德、礼仪、天文、历法、哲学、文学、艺术、历史、地理、民俗等方面，乃至庶民日常生活也有记载，这无疑是了解中华文化的重要途径。离开这些儒家原典，中华文化的重要源头就难以解释清楚，更无法了解中华民族从小国林立逐渐走向大一统的历史。

其次，中华传统礼制蕴含着丰富的人文精神，可供当今深入研讨与借鉴。

中国有礼义之邦美誉，强调人之高尚的道德通过完美的礼仪来体现。儒家先贤孟子称“人之所以异于禽兽者几希，庶民去之，君子存之”，君子所存者实为仁义，仁义正是君子遵礼之德。朱熹曾从理论上对此进行解释:“人之所以生，理与气合而已。天理固浩浩不穷，然非是气，则虽有是理而无所凑泊。故必二气交感，凝结生聚，然后是理有所附著。凡人之能言语动作，思虑营为，皆气也，而理存焉。故发而为孝弟忠信仁义礼智，皆理也……人所以与物异者，所争者此耳……孟子曰:‘人之所以异于禽兽者几希。’人物之所以异，只是争这些子。若更不能存得，则与禽兽无以异矣!”实际上，孟子、朱熹所说正是基于礼之上的道德准则。这种道德准则蕴含着丰富的人文精神。故彭林在《礼与中国人文精神》一文中指出：礼是人和禽兽的区别，是文明与野蛮的分水岭。

中华传统礼制所构建的完整体系充分体现出古代中国的人与人、社会团体乃至国家之间交往的准则与规范，这些准则与规范有着丰富的人文精神，并在一举一动的仪节中体现出来。如乡射礼、投壶礼是古代高雅的礼仪活动，提倡君子之争，不汲汲于输赢，而在追求形神兼备、内外双修的君子风范。这对于当今竞技体育不无参考价值。中华传统礼制强调尊老孝敬、贵礼贱财、尊长行孝思想的乡饮酒礼，注重迎往送来、飨燕仪节的燕礼、公食大夫礼，体现对逝者尊重与追思的丧服、士丧礼，还有《左传》记载的诸国之间聘问、吊丧之礼，都是塑造和谐秩序、讲求礼节完美的礼仪活动，具有浓厚的人文精神，当今仍有借鉴意义。

再次，中华传统礼制中治国理政的政治智慧也值得借鉴。

在儒家学者看来，中华传统礼制既是塑造道德的礼仪体系，也是治国理政的法治体系。儒家非常重视以礼、法两手来构建理想政体。《礼记·乐记》称“礼以道其志，乐以和其声，政以一其行，刑以防其奸。礼、乐、刑、政，其极一也，所以同民心而出治道也”，“礼节民心，乐和民生，政以行之，刑以防之。礼、乐、刑、政，四达而不悖，则王道备矣”。显然，提出礼、乐、刑、政四者合一，“同民心而出治道”的治国策略，是将民心向背作为治国理政的重要衡量标准，并作为理想政体加以推广。这一思维进路要求统治者必须关心民间舆论，关切民众生存，加强自身的道德修养，成就“圣贤气象”，由此才能负起治理国家、教化民众的责任。当然，并非每代统治者都注意自身的道德修养，恶君劣吏层出不穷，因此早在战国时期，孟子就提出“诛独夫”的观点，即对害民国贼予以诛绝，显示出民本主义的色彩。儒家学者宣扬依典治国，历代许多知识精英也能够直言切谏帝王，力图造就太平盛世，这也是值得我们汲取的。如果知识精英不能对国家治理提出自己的建议，尸位素餐乃至助纣为虐，那么这个国家将陷于百劫而难返。

《周礼》是儒家学者对国家治理系统的构建，“体国经野，设官分职”的政治智慧深刻地启示着后世王朝。《周礼》对国家政治架构的设计，体现出在行政设置上要求组织严密、分工清晰、职责明确、位不虚设、才不滥授的思想。如《天官》中对大宰的职责规定是“掌建邦之六典，以佐王治邦国”，所谓六典，“一曰治典，以经邦国，以治官府，以纪万民；二曰教典，以安邦国，以教官府，以扰万民；三曰礼典，以和邦国，以统百官，以谐万民；四曰政典，以平邦国，以正百官，以均万民；五曰刑典，以诘邦国，以刑百官，以纠万民；六曰事典，以富邦国，以任百官，以生万民”。这里论述了官府的职责、道德修养，要求官员依据国家典律来治理百姓，从而达到国治民安的和谐政局。朱熹《补大学格物传》发挥了这一思想，称“古之欲明明德于天下者，先治其国；欲治其国者，先齐其家；欲齐其家者，先修其身；欲修其身者，先正其心；欲正其心者，先诚其意；欲诚其意者，先致其知；致知在格物”，要求“自天子至于庶人，壹是皆以修身为本”。这种强调治国者首先自己正心诚意、修身齐家，然而才能教化百姓、治理国家的观点，体现出国家治理与民风养成、国民一体的思想，确实有其合理之处，也值得当今借鉴。

至少从春秋开始，中华传统礼制中的法治思想越来越浓厚，到战国形成礼法一统的治理国家的重要手段，如成书战国时期的《管子》，其中《枢言》便有如此记载：“法出于礼，礼出于治。治、礼，道也。万物待治、礼而后定。”皮锡瑞在《经学通论》中对战国这种观点概括为“出于礼者入于刑”，指出当时礼法合一的现实。这种思想对后世影响极大。西汉大儒董仲舒提出“春秋决狱”思想，被学者们称之是中国法律儒家化的重要标志。春秋决狱最为重要的是“经权”原则，即评判人之行为应“以经为本，又应有变”，需要对具体事情要讲究“权变”。在董仲舒看来，权变要符合两个重要原则：一是权变之礼必须符合“道”的要求；二是权变之礼应该限定在特定领域之内。可见董仲舒既重视原则，又注意到灵活运用，无论是“礼”还是“法”，都需要根据具体之事做灵活的处理，这是合理的方面。实际上，春秋决狱又强调必须依据《春秋》行事，这又陷入“道德”教条的泥坑之中，况且“灵活”处理又使司法官员在庞杂的具体刑律上无所适从。欧阳修在《新唐书》中称“凡民之事，莫不一出于礼。由之以教其民为孝慈、友悌、忠信、仁义者，常不出于居处、动作、衣服、饮食之间。盖其朝夕从事者，无非乎此也”，苏轼在为皇帝撰《王振可大理少卿》敕中也明确宣称“法出于礼，本于仁，成于义”，这都可看出后世对礼法关系的看法。就古代中国的礼法关系而言，当然有许多值得我们深思与借鉴的内容。

最后，中华传统礼制所规范的社会生活的准则，至今仍有借鉴意义。

中华传统礼制是基于实实在在的社会生活之上，它涉及上自帝王、下及庶民生活的方方面面，规范着所有人的日常生活，是人们一切社会活动的准则。《礼记·冠义》说：“人之所以为人者，礼义也。礼义之始，在于正容体，齐颜色，顺辞令。容体正，颜色齐，辞令顺，而后礼义备。”其实，人的一切行为是否符合礼义，确实会通过肢体语言、脸部表情、言辞表达表现出来，因此礼制要求人们的一言一行都谨慎其事，以符合礼之规范，以提升人们的道德水准。《礼记》一书讨论范围极为广泛，大致对人自幼及长、在家在朝的一切行为都有明确的礼仪要求，指导着国人遵循礼义，促使他们成为一个具有道德人格的君子。《仪礼》也有大量类似之语。《仪礼》和《礼记》中记载的人生礼仪和待人接物的行为规范，立身处事的准则，也是中华先民日常生活之行为指南，中国之所以有“礼义之邦”美称，与礼制的规范是分不开的，因而如何发掘中华传统礼制中的精华为当今社会服务，是值得深入思考与努力借鉴的。

我们承认中华传统礼制中确实具有许多糟粕，它在历史上为封建专制政体服务，坚持贵贱、等级制度，就其总体而言并不符合以工业文明为底色的当今社会。但不可否认的是中华传统礼制在古代中国所起到的历史作用，同时它本身也包含着一些合理和值得借鉴的内容，完全在可加以转换后为当今社会服务。在我们看来，中国文化的发展需要借鉴、吸收外来文明与先进文化，但应该是立足于本民族优秀文化的深厚根基之上的发展，而不能视中华传统文化为粪土而抛弃之。任何抛弃民族文化、推翻历史共识的举措，都不可能完成中华传统礼制的现代性转换，都不利于国家的稳定与发展，最终就无法完成中华民族的伟大复兴。

第四章
玄冕朱绂

《礼记·大学》:“自天子至于庶人，壹是皆以修身为本。”

《礼记·曲礼》:“道德仁义，非礼不成。教训正俗，非礼不备。分争辩讼，非礼不决。君臣、上下、父子、兄弟，非礼不定。宦学事师，非礼不亲。班朝治军，莅官行法，非礼威严不行。祷祠祭祀，供给鬼神，非礼不诚不庄。”

《三国志·陈思王植传》:“赫赫天子，恩不遗物，冠我玄冕，要我朱绂。朱绂光大，使我荣华，剖符授玉，王爵是加。”

《新唐书·礼乐志一》:“凡民之事，莫不一出于礼。由之以教其民为孝慈、友悌、忠信、仁义者，常不出于居处、动作、衣服、饮食之间。盖其朝夕从事者，无非乎此也。”

一　五礼制度的诞生

吉、嘉、宾、军、凶五礼体系是适应大一统封建王朝的集权礼制体系。梁满仓认为五礼制度诞生于西晋，这已成为学界共识。集权礼制阶段是中华传统礼制演化中一个完整的发展时期，它以大一统专制主义的中央集权为政治基础，以小农经济为经济基础，以儒家思想为理论基础，以五礼为形式，以伸张皇权为主要内容的国家礼仪制度。集权礼制可分为四个发展阶段：秦统一到隋朝是形成阶段，唐宋是成熟阶段，元明清（道光前）是衰变阶段，道咸以降到南京民国政府是集权礼制的转型阶段。道咸以降西风东渐日趋明显，近代工业在中国萌发并迅速成长，尤其西方思想、礼仪与中华传统礼制扞格不入，都促使中华传统礼制进行变革，然由于各种原因，中华传统礼制没有完成现代性转型。

需要强调的是，四个阶段具体表现不同，各阶段的特点也非常明显。

传承至今的典籍中对五礼的论述出现较早。《史记·封禅书》引用过《尚书》“修五礼、五玉”一语，但未做解释；《尚书正义》载孔安国认为五礼便是“吉、凶、宾、军、嘉之礼”，这是至今所见最早明确解释成吉、凶、宾、军、嘉五礼的观点，而且把它看成一种礼制体系。但是东汉有不同说法。马融沿袭孔安国说，马融弟子郑玄则认为五礼是指公侯伯子男朝聘之礼。孔安国生活在西汉，马融、郑玄则是东汉人，显然整个汉代对五礼究竟是什么没有统一说法。实际上儒家先贤孔子、孟子，抑或后来的荀子《礼论》中没有解释过五礼的内涵，后世对此有不同说法也就不奇怪了。

在我们看来，五礼体系的诞生经过了一个非常漫长的过程，其间与政治、学术纠缠交革，尤其与阴阳五行说关系极其密切。众所周知，阴阳五行说始于战国时代，各家思想受到它的影响是十分清楚的事，当时许多事物大多以“五”来命名描述。《管子》中就有论述阴阳五行思想的诸多篇章。《尚书》编定于战国，《尧典》“修五礼”之说应当也受到阴阳五行的影响。郭店楚简中《五行》，属于儒家思孟学派著作，其中提及“仁、义、礼、智、圣”五行，虽与阴阳五行不同，但关系密切。李学勤先生明确指出：“学者多以为思孟所言‘五行’仁、义、礼、智、圣和传统说的‘五行’金、木、水、火、土无关。我觉得子思倡言的‘五行’，如章太炎指出的，实与金、木等‘五行’相联系，而其‘圣’之一行，尤为远本《洪范》的确证。”其实，阴阳五行思想是战国思想家们构建世界的图式，正如冯友兰先生所说：“阴阳五行家以传统的术数为资料，以五行观念为基础，用以解释他们所日常接触到的一些自然现象和社会现象。他们由此虚构了一个架子……总起来说，是一个世界图式。”阴阳五行家可以以此来构建“自然现象和社会现象”，那么，战国中期之后的儒家吸收阴阳五行思想来建构属于“社会现象”之礼制，也是完全可能的。

《周礼》明确记载大宗伯掌五礼之教，五礼是吉、凶、宾、军、嘉，这是所见最早的有关五礼的记载，但它不是当时实施的礼制。其实战国时期对礼制体系有多种说法，如《大戴礼记·本命》有九礼之说“冠、昏、朝、聘、丧、祭、宾主、乡饮酒、军旅，此之谓九礼”；《礼记·王制》称“司徒修六礼以节民性”，“六礼：冠、昏、丧、祭、乡、相见”。显然战国时期儒家思想家们本身对礼制体系的构建有不同见解，作为构想自然也没有在国家施政中行用。

秦统一后，秦始皇虽然以儒家备顾问，但并不服膺儒家思想，乃至焚书坑儒，因此他并没有依据儒家经典中有关礼制的论述来创建秦王朝的礼仪，而是自成一套的儒法混融的专制主义礼制体系。直至秦灭亡也没有出现像吉、凶、军、宾、嘉的五礼体系。《史记·礼书》说："至秦有天下，悉内六国礼仪，采择其善，虽不合圣制，其尊君抑臣，朝廷济济，依古以来。至于高祖，光有四海，叔孙通颇有所增益减损，大抵皆袭秦故。自天子称号下至佐僚及宫室官名，少所变改。"可见司马迁对秦至汉初国家礼制的看法：秦和汉初都没有实行五礼制度。客观地说，秦始皇建立大一统封建王朝的专制礼制的主要内涵是儒家的，绝不是法家的，更不是其他如阴阳家或方士的。如果不承认这一点，那么我们就无法理解后世王朝大多激烈地批评所谓"暴秦"，但为何又大量吸纳或说沿袭秦始皇的许多体现帝王之尊的礼仪措施！其实宋人王应麟在《玉海·礼仪》中曾论述秦代礼制对后世的影响："三代以亡，遭秦变古，后之有天下者一切用秦，虽有欲治之主，牵于时俗，安于苟简而已。"王氏之语，一是强调三代礼制之宏大，有今不如古之叹；二是指出秦礼为中国古代礼制发展中的一大变化，后世帝王只是因循秦之礼制。尽管王氏称后世"一切用秦"夸大了秦礼的影响，但他十分敏锐地发现秦统一是中国古代礼制发展的重大界线，自秦统一后"变古"改制，后世只是沿袭其开创的专制主义礼制之路前行而已。

既然五礼体系是大一统封建专制王朝最为合适的礼制，如果说秦国祚短暂而不能建立起这套体系，为何西汉200余年仍未能建立呢？实际上，要创制一整套封建王朝的礼制体系，至少需要三个前提条件，一是帝王的意志，二是学术发展的基础，三是客观的国内外政治局势。三者密切相关，缺一不可。

秦始皇统一中国，确有建立一整套封建王朝礼制体系的愿望，他非常重视天子礼的建设。据《史记·秦始皇本纪》载："天子仪当独奉酌祠始皇庙。自襄公已下轶毁。所置凡七庙。群臣以礼进祠，以尊始皇庙为帝者祖庙。"他自封始皇帝，自称"朕"，皇帝之命称"制"，皇帝之令称"诏"，臣子称皇帝为"陛下"，臣下给皇帝的奏章称"上书""上奏"，又行封禅之礼，以示自己一统天下之功德，总之这套礼仪无非是尊君抑臣、鼓吹"大一统"的丰功伟绩。但他以法家思想为基础，深信方士，藐视儒家，焚书坑儒，以吏为师，禁锢私学，因此社会变革引起的礼制理论探索被完全中断。同时，北方匈奴威胁并未消除，国内政局不稳，加之二世而亡，秦王朝没有也不可能创建出一套完善的专制礼制体系。

汉初儒学复苏，但基本承袭秦之礼制。汉初数位皇帝崇尚黄老，对儒家不太感兴趣。叔孙通制朝会礼，高祖虽赞赏，但他对礼制创建并不积极，丧失恢复儒家学术的极佳机遇。

武帝即位后儒家开始受到重视，据司马迁说是"天下之学士靡然乡风矣"，但武帝时仍未具备大规模改创礼制的条件。一方面，匈奴边患长期不能到解决，直到武帝中晚期才得以解决。另一方面，文景时同姓王势力尾大不掉，最终引发吴楚七国之乱，虽然叛乱被平定，但王国势力似百足之虫死而不僵，想要建立大一统的礼仪制度，这也是极大障碍。武帝解决同姓王问题也得花大力气。另外，武帝即位初，窦、王两太后掌控朝政，虽有丞相窦婴、太尉田蚡等人曾议立明堂，想摆脱窦太后掣肘，但窦太后发动宫廷政变，废窦婴、田蚡，迫使赵绾、王臧自杀，礼制建设遂停顿。建元六年窦太后死，武帝才真正控制朝政。此后武帝集中力量解决国内外问题，尽管他赞同董仲舒“罢黜百家，独尊儒术”的建议，但实际上没有花精力来建设新礼制体系。武帝解决了边患，却将文景之时积聚下来的财富消耗殆尽。因此武帝下令罢屯田，采取相对比较平稳的政策，这离他去世已经没有几年了。其实，武帝时最有可能建立这一大一统的专制礼制，尤其是属于经古文《周官》(即《周礼》) 已重现，其中提到了吉、凶、宾、嘉、军五礼制度的框架，但武帝没有完成它，错失了整个汉代修礼的最好时机。

武帝之后的昭、宣、元、成、哀数帝在位时，外戚势力逐渐强大，中央集权削弱，尽管某些皇帝进行过礼制创建或更革，但受制于各种政治势力与外戚的掣肘，西汉王朝又失去了建立统一王朝礼制的机会。

如果从学术来说，可以看到武帝之后到西汉王莽改制前的大致情况是：其一，西汉初儒学复兴是在批判暴秦的基础上发展起来的，汉初所重视的《礼记》《仪礼》，实属士礼体系。其二，以今文经为代表的西汉儒学复兴，立于官府，设置博士。而《周官》《春秋左传》为代表的古文经虽然已在武帝时重现，但不受官方支持，主要流传于一些士大夫之间。其三，今文经传承讲究师法与家法，日趋繁琐，墨守成规，创新不足。因而武帝时儒家在礼制理论上的创新较差，未能形成适应当时社会条件的新的礼制理论。

如果深入研究经学与礼制发展关系，我们可以发现秦晋间经学发展，从汉初儒学复兴后，礼学有四个明显转折：一是汉武帝废除挟书令，独尊儒学，古文经始出，出现了传统礼学重视道德转向到道德、政治并重的趋势；二是新莽时期刘歆利用古文经为王莽代汉服务，使古文经得以立为官学，开始全面创制基于“国家层面”上的尊君抑臣的天子之礼的体系；三是郑玄合今古文经为一体，注三礼，完善天子之礼的内涵，奠定了礼制侧重政治的新局面；四是王肃批判郑玄，使经学再次形成新派系，促进了礼学的深入发展。

西汉后期外戚势力壮大，尤以王氏为最。哀帝去世，无子嗣，元帝之后王政君政变，收回传国玉玺，下诏让其侄子王莽出任大司马。不久，王莽拥立9岁的平帝，代摄国政。王莽于平帝元始五年提出一套帝王祭天的南郊礼仪，这就是著名的“元始仪”。元始仪是尊君抑臣、伸张皇权的重要措施，这是建立天子大权独揽在礼制方面的重要表现。初始元年底，王政君交出传国玉玺，举王莽为皇帝，改国号为新。

王莽精于礼学，推崇古文经学，其最得力助手刘歆是古文经大家。王莽改《周官》为《周礼》，设官学博士，刘歆为新朝政治改制出谋划策所依据的正是《周礼》。但新朝延续了10余年便倒台了，王莽改制没有成功。就新朝礼制变革来说，姜广辉《中国经学思想史》指出，“从王莽当政时起，天子礼开始成为礼学的重点”，如修明堂、筑辟雍、立后土、改革官制等，大多与提升天子威信、加强皇权有关。然而，要建立一整套大一统封建王朝的礼制并非这么容易。即使随着西汉儒学的复兴与崛起，但儒生仍然停留在训释先秦儒家经典的层面，而儒生们拥有的典籍中没有“天子礼”，只有士礼。因此，西汉王朝要建立一套完整并获得经今文经学家们认可的新礼制是不现实的，因为两者存在着不可调和的矛盾。

新莽政权垮台，罢《周礼》等古文经博士，然而《周礼》在东汉仍受重视，较为流行。东汉光武、明、章诸帝都欣赏古文经，东汉的马融、郑玄、贾逵都是古文经名家。需要强调的是，这些学者已非固守古文经一途，而是开始综合或说融汇今古两派观点，使解经切入现实政治，涉及当时社会，因而提出了更为适应历史发展潮流的观点。他们的礼学思想，是与建立天子之礼完全合拍的。

东汉建国后，创建新礼制的活动便开始了。习《庆氏礼》的博士曹充受到光武信任，据《后汉书》本传称，他提出“五帝不相沿乐，三王不相袭礼，大汉当自制礼，以示百世”的观点，要求制订适应时代的新礼制的思想主张，获得光武帝认可。曹充参与制订的封禅、七郊、三雍、大射、养老等礼仪，其中巡狩、封禅、七郊、三雍都凸现尊君卑臣的精神，是符合当时帝王集权需要的。其子曹褒也精通礼学，在创建新礼制上也有建树，章帝章和元年，诏令曹褒制订《汉礼》。曹褒本纪称他“次序礼事，依准旧典，杂以《五经》谶记之文，撰次天子至于庶人冠婚吉凶终始制度，以为百五十篇”，章帝死，和帝即位，曹褒又作章句，是为《新礼》。后来太尉张酺、尚书张敏等人奏称曹褒擅制汉礼，破乱圣术，因此罢曹褒所制《新礼》。从“冠婚吉凶终始制度”来看，曹褒仍非构建完整的五礼体系；同时在“依准旧典，杂以《五经》谶记之文”中也可以看出，东汉今文经学者治学受《五经》谶记影响甚大，繁琐陋习不改，固执己见，没有提出新的礼学思想体系，因此也无法创制出新的礼仪体系。《旧唐书·礼仪志》不无感叹地说：“（战国）诸子所书，止论其意。百家纵胸臆之说，五礼无著定之文。故西汉一朝，曲台无制……光武受命，始诏儒官草定仪注，经邦大典，至是粗备。汉末丧乱，又沦没焉。而卫宏、应仲远、王仲宣等掇拾遗散，裁志条目而已。东京旧典，世莫得闻。”

改变这一治学陋习，对礼学做重大改革者是东汉末年的郑玄。《后汉书》载：“郑玄括囊大典，网罗众家，删裁繁诬，刊改漏失，自是学者略知所归。”可见，郑玄注三礼（《仪礼》《周礼》《礼记》），融会今、古文经，创立新说，不但使传统经学获得新生，而且可以为当时集权政治服务，成为创建新礼制体系的理论基础。姜广辉《中国经学思想史》称：“郑玄将《周礼》提升为三《礼》之首的时候，他实际上做了一项意义极大的变革，即把传统的礼学的重点转向了政治制度之学。如果说刘歆之使士礼过渡为以天子礼为主，是中国礼学的一大转折，那么郑玄将礼学变成政治制度之学便是更大的转折。”这一说法有道理。实际上，礼学本身便是“政治之学”，无论是先秦还是两汉都如此，只不过先秦时期比较重视“道德”这个层面，到郑玄时则极大地突出了“政治”层面而已。

郑玄初步构建了大一统的封建礼制理论体系，但并未完成秦晋间礼学转变的整个工作。其实，魏晋之间礼学还有一次重要变革，这便是王肃对郑玄礼学的批判。王肃为曹魏名儒王朗之子，又是司马昭之岳父、晋武帝司马炎之外祖父。《三国志》王肃本传载:“肃善贾、马之学，而不好郑氏，采会同异，为《尚书》、《诗》、《论语》、《三礼》、《左氏》解，及撰定父朗所作《易传》，皆列于学官。其所论驳朝廷典制、郊祀、宗庙，凡百余篇。”王肃“善贾、马之学”，表明他也是古文经学者，他对郑玄的批判，实际是古文经学内部不同的争论，促进了礼学的发展，成为五礼制度产生的重要条件之一。尽管王肃批判郑玄，但他没有反对郑玄的五礼学说，只是反对郑玄对具体礼仪的一些论述，这一点是值得注意的。正由于王肃在曹魏、西晋时期的特殊位置，西晋建立后，国家统一，礼学思想已有很大发展，加之武帝本身愿意创制新礼制体系，因此遵照郑、王两人的礼学观点，最终制作成体制宏大、符合封建王朝专制统治的五礼体系。此后各朝有关五礼某些具体礼仪的争论，或引郑玄，或据王肃，但都不反对五礼体系，其原因也便在此。

由于郑玄礼学对后人影响极大，作为三礼之首的《周礼》又被他确认为周公所作，那么其中提及的吉、凶、宾、军、嘉五礼理所当然成为大一统王朝构建礼制的标准，王肃反对郑玄，丰富了五礼制度的理论，西晋统一后出现五礼体系也成为最终的必然结果。不过，西晋时期的五礼礼典没有保存下来，因此只能从正史和保存至今的唐宋之后礼典来略识一二。更需要指出的是，吉、凶、军、宾、嘉五礼的具体内容历代归类也不完全相同。本书附录部分有《大唐开元礼》五礼归类表，可以参看。

二 吉 礼

吉礼指祭祀之礼。《周礼》称大宗伯“掌建邦之天神、人鬼、地示（qí）之礼，以佐王建保邦国”，即祭祀天神、地祇、人鬼，以护佑王国，祛凶求吉，故称吉礼。《周礼》概括为：“以吉礼事邦国之鬼神示：以禋（yīn）祀祀昊天上帝，以实柴祀日月星辰，以槱（yǒu）燎祀司中、司命、飌师、雨师，以血祭祭社稷、五祀、五岳，以狸沈祭山林川泽，以疈（pì）辜祭四方百物。以肆献享先王，以馈食享先王，以祠春享先王，以禴夏享先王，以尝秋享先王，以烝冬享先王。”这段话被学者概括为“吉礼之别十有二”，即禋祀、实柴、槱燎、血祭、狸沈、疈辜、肆献、馈食、祠、禴、尝、烝，指用不同的方式来祭祀不同对象。按照祭祀对象的重要性，一般分为三个等级：据《旧唐书》记载，昊天上帝、五方帝、皇地祇、神州及宗庙为大祀，社稷、日月星辰、先代帝王、岳镇海渎、帝社、先蚕、释奠为中祀，司中、司命、风伯、雨师、诸星、山林川泽之属为小祀。大祀，有司每年在规定时间奏请，小祀则移牒告知。一般大祀要求由皇帝亲祀，若不亲祀，则有司行事，即派遣大臣或地方长官代皇帝祭祀。祭祀需要斋戒，大祀散斋四日，致斋三日；中祀散斋三日，致斋二日；小祀散斋二日，致斋一日。要求散斋者"昼理事如旧，夜宿于家正寝，不得吊丧问疾，不判署刑杀文书，不决罚罪人，不作乐，不预秽恶之事"。祭祀过程根据祭祀对象不同，其仪式也有所不同。祭祀天神是第一等祭祀，最为隆重，如南郊圜丘祭昊天上帝用玉帛、全牲的"禋祀"；第二等祭日月星辰则用帛、肢解之牲"实柴"之祀；第三等祭太岁、灵星之类只有肢解之牲的"槱燎"之祀。祭祀地示也分三等，所用祭祀仪式分别有血祭（牲血灌地）、貍（祭品埋入土中）、沉（祭品沉入水中）、疈辜（对供奉牲体再行肢解）等。人鬼祭祀除祖先外，还有先王、先圣、先贤等。帝王祭祀祖先最为复杂隆重，除在宗庙中的四时祭祀外，还有三年一祫、五年一禘。根据各等祭祀对象采用不同祭祀方式，有肆献、馈食、祠、禴、尝、烝。唐代起，允许一定品级的大臣立家庙，后来逐渐放松，因此贵戚、大臣乃至士大夫可立家庙进行祭祀，普通百姓没有家庙，则在家祭祀，自然祭祀上按各人品级仍有各种限制。

当然，唐代规定的大中小祀的礼仪内容，历朝历代也会有所变易。唐代规定的大祀不太多，而宋代则大量增加。《宋史·礼志》所载大中小祀："岁之大祀三十：正月上辛祈穀，孟夏雩祀，季秋大享明堂，冬至圜丘祭昊天上帝，正月上辛又祀感生帝，四立及土王日祀五方帝，春分朝日，秋分夕月，东西太一，腊日大蜡祭百神，夏至祭皇地祇，孟冬祭神州地祇，四孟、季冬荐享太庙、后庙，春秋二仲及腊日祭太社、太稷，二仲九宫贵神。中祀九：仲春祭五龙，立春后丑日祀风师，亥日享先农，季春巳日享先蚕，立夏后申日祀雨师，春秋二仲上丁释奠文宣王、上戊释奠武成王。小祀九：仲春祀马祖，仲夏享先牧，仲秋祭马社，仲冬祭马步，季夏土王日祀中霤，立秋后辰日祀灵星，秋分享寿星，立冬后亥日祠司中、司命、司人、司禄，孟冬祭司寒。”同一王朝前后也有变化。上述《宋史·礼志》所载祭祀分为三等，实际是南宋之后的规定，如将释奠文宣王列为大祀，而在《高宗纪》明确载有绍兴十年七月“甲子，以释奠文宣王为大祀”，也就是说绍兴十年七月之前仅是中祀。《清史稿·礼志》载：“清初定制，凡祭三等：圜丘、方泽、祈穀、太庙、社稷为大祀。天神、地祇、太岁、朝日、夕月、历代帝王、先师、先农为中祀。先医等庙，贤良、昭忠等祠为群祀。乾隆时，改常雩为大祀，先蚕为中祀。咸丰时，改关圣、文昌为中祀。光绪末，改先师孔子为大祀，殊典也。”这都反映出祭祀对象在历代是有变化的。

历代对具体礼仪在五礼中的归类也有所不同。如《大唐开元礼》把帝王或皇太子视学归为吉礼，而宋代则归为嘉礼；唐代把射礼定为军礼，而宋代则归为嘉礼；又如唐代大朝会归入嘉礼，而宋代则归宾礼；唐代祭马祖归入军礼，而宋代归入吉礼。诸如此类，不一而足。

三 嘉 礼

嘉礼是礼制中比较繁杂的一类。《周礼·大宗伯》称："以嘉礼亲万民：以饮食之礼亲宗族兄弟，以婚冠之礼亲成男女，以宾射之礼亲故旧朋友，以飨燕之礼亲四方之宾客，以脤膰（shèn fán）之礼亲兄弟之国，以贺庆之礼亲异姓之国。"《大宗伯》说嘉礼的作用是"亲万民"，行用宗族礼、婚冠礼、宾射礼、飨燕礼、贺庆礼，涉及内容比较广泛。

西周行封建制，因此同姓诸侯国为兄弟叔侄，异姓之间大多有联姻关系，因此需要加强交往来增强相互间的关系，团结一致应付外来危险。采取的方式可以是多种多样的，如通过宗庙祭祀来显示同宗同族，祭祀后脤膰分给宗亲，也可以通过饮食飨燕来拉近双方关系，当然又通过联姻与异姓贵族结成同盟。有喜庆之事，则致以贺庆之礼，以维护双方情感与友谊。至于友朋之间，也需要结成良好的关系，可以通过宾射礼来进行交流。宾射礼是主宾交流的礼仪，据《礼记·射义》称："古者诸侯之射也，必先行燕礼；卿、大夫、士之射也，必先行乡饮酒之礼。"即举行射礼，主人、宾客之间须先行燕礼或乡饮酒之礼，以明君臣之义或长幼之序。在比射的过程中，主宾都彬彬有礼，"射求正诸己，己正然后发，发而不中，则不怨胜己者，反求诸己而已矣。孔子曰：'君子无所争，必也射乎！揖让而升，下而饮，其争也君子'"，因此射礼是培养君子仁德的礼仪。

婚冠是人生大事。古代男子二十而冠，表示成年，可从政，可以婚嫁。女子十五而笄（jī），表示成年，可以出嫁。从政表明男子可以担当国家、家族之重任，并可娶妻，繁衍宗族。女子出嫁，则是辅助丈夫，生育子女，与丈夫一起来维持家庭，宗族的强大是保持宗族势力的最为重要的因素之一。因此冠笄之礼在古代甚受重视，《仪礼》置于首篇。冠礼礼仪也比较复杂。周王（或后世皇帝）的嫡长子行冠礼地点在宗庙中（大臣、贵族则在家庙），在祖先的“监督”下进行，以示隆重。主持者是受冠者之父亲或直系长辈。定冠礼日子要占卜，选定有身份的来宾并通知他们（称为“戒宾”），请他们参加见证。行礼之前夕，再占筮选定宾客中一位做主宾，称为“筮宾”，由他主持仪式，另选主宾助手赞者。行礼当天，冠席位于宗庙阼（zuò）阶北端，由主宾为受冠者梳头戴冠，仪节分为三加冠，分别是缁布冠、皮弁、爵弁，每加一次冠，都有一套繁琐仪式，赞者都颂祝词，以示教育、勉励和祝贺，受冠者都要应答并感谢。加冠后正宾还要为他取字，即古人除名之外的表字。礼成之后，受冠者以礼物谢宾，要见兄弟及其他长辈等一套礼仪。后世冠礼大致如此。当然，一般士大夫或庶人的冠礼或在家庙、或在中堂时行，礼仪相对比较简单。

《周礼》所载是战国儒家对构建社会的设想，从《左传》记载来看，这些礼仪确实存在。然而时代变迁，后世嘉礼内容既有变化，内容也更多，如后世帝王即位、改元都归入嘉礼。唐代还加入皇帝和皇太子加元服、上尊号、各种册命、皇太子与师傅保相见礼、乡饮酒、宣赦书等礼仪。宋代嘉礼则增加高宗内禅仪、圣节、赐进士宴、进书仪、幸秘书省等等。《大清通礼》嘉礼又有经筵进讲、临雍讲书、阙里讲书、顺天乡试等等。显然各朝各代都根据自身情况对嘉礼做了相应的更革。

四 宾 礼

宾礼，顾名思义便是待宾客之礼。《周礼·大宗伯》称："以宾礼亲邦国：春见曰朝，夏见曰宗，秋见曰觐，冬见曰遇，时见曰会，殷见曰同，时聘曰问，殷眺曰视。"这既讲明大宗伯职掌，又讲明主宾之礼的名称。需要注意的是，这里的主宾礼仪主要是指天子与诸侯之间的礼仪，诸侯既有同姓宗亲，也有异姓联姻。诸侯轮流在春夏秋冬入都城朝见周王，四季朝见名称分别称为朝、宗、觐、遇。会是指周王出征时，路过之地的诸侯需觐见，诸侯之间也可用"会"。天子长期未巡狩，各地诸侯会一同赴都城朝见周王，称为"同"。聘是聘问之礼，即天子与诸侯、诸侯之间定期或不定期的互相往来之礼，以加深双方之间的友情，巩固君臣或同盟关系。由此可见，《周礼》所述是诸侯以上贵族的礼仪。

实际上，春秋战国时期除了诸侯以上贵族之间有宾礼，诸侯以下贵族之间也有宾礼，《仪礼·士相见礼》便记载了士的各种主宾之间的礼仪。这些礼仪都是按照等级来确定的，如士见诸侯、士见大夫属于下见上，大夫相见属于同级来往，其具体礼仪便有不同。

后世集权专制体制下的宾礼与《周礼》所载有很大不同。集权礼制下的宾礼一般都包括某一王朝与周边政权（包括少数民族政权）之间往来，但各王朝纳入宾礼之内又大有不同。《大唐开元礼》宾礼只载与蕃国往来，其他都不属于宾礼。而宋代宾礼则包括大朝会仪、常朝仪、入閤仪、明堂听政仪、肆赦仪、皇太后垂帘仪、皇太子正至受贺仪、皇太子与百官师保相见仪、朝仪班序、百官转对、百官相见仪制、群臣朝使宴饯、朝臣时节馈廪、群臣上表仪、宰臣赴上仪、朝省集议班位、臣僚上马之制、臣僚呵引之制等等，涉及帝王与朝臣关系、臣僚之间的礼仪，以及外国君长来朝、契丹夏国使副见辞仪、金国使副见辞仪、诸国朝贡等与少数民族政权关系的礼仪，可见各朝设计礼典异同也较大。

秦之后，同姓封王给予土地者亦有之，如西汉、西晋、明朝等少数王朝封王都实有其地，企图以同姓王来捍卫自己的政权，但实际上都导致同姓王叛反之乱。异姓封王给予实封土地者极少，如西汉初异姓王有实封土地，但汉政府想尽办法铲除之。这些王朝都设计居于封国之王的朝见之礼，规定具体时间及具体礼仪。更多王朝封王不给予土地，因此无须制订诸王朝见皇帝之礼。

在这些礼仪中，具体规定甚为细致，礼节也繁杂，同时臣下对帝王的恭敬程度超过王权礼制时期，而且有日趋繁杂的趋势，体现出皇权至上的专制特色。如秦汉之时，臣下见皇帝自然需要跪拜行礼，但隋唐之后，臣下见帝王、属下见长官所行的跪拜礼，每跪拜一次都需“舞蹈”，即踊跃舞蹈状。李焘《续资治通鉴长编》载知枢密院事马知节“居枢廷之首，顾待殊厚，素病足，特许内朝别为一班，省其舞蹈”，军事最高长官马知节是因为脚有病，才恩准免其舞蹈。不舞蹈被视为无礼。如《隋书·许善心传》载宇文化及叛反，杀炀帝，据称“化及杀逆之日，隋官尽诣朝堂谒贺，善心独不至”。被抓赴朝堂后，宇文化及没杀他，下令放他走，但“善心不舞蹈而出。化及目送之曰：‘此人大负气。’命捉将来，骂云：‘我好欲放你，敢如此不逊！’其党辄牵曳，因遂害之”。许善心不舞蹈是贬视宇文化及，宇文化及认为许氏“不逊”，即对他无礼，故残害于他，反映出专制体系下臣僚之间的贵贱高下之关系。

五 军 礼

军礼自是军事活动之礼。《左传》称“国之大事，在祀与戎”，即祭祀与战事是国家最为重要的事项。因此，自先秦以来对军礼的建设是非常认真的，其礼仪名目也很多。

据《周礼》构建的礼制体系中，大宗伯“以军礼同邦国：大师之礼，用众也；大均之礼，恤众也；大田之礼，简众也；大役之礼，任众也；大封之礼，合众也”。先秦时兵农合一，即庶人既是农人也是战士，他们打仗的装备是需要自备的。这段记载中，大师之礼是指周王亲自征伐，是役使国内民众参与战争，故称“用众”。大均之礼是让庶人的负担相对比较均匀，故称“恤众”，即体恤民庶。大田之礼是王或诸侯进行田猎时的礼仪，有具体时间的规定，即春蒐、夏苗、秋狝（xiǎn）、冬狩。田猎过程也是检阅、训练军队的过程。简即简习，是训练或操练的意思。《国语·吴语》："申胥、华登简服吴国之士于甲兵，而未尝有所挫也"，韦昭注"简，习也"，习即简习，实际上"服"字含有整治的含义。大役之礼讲劳役，如营造之类事，任即使用，任众即役使民庶，此礼要求役使民庶要量力而行。大封之礼讲疆域分畛，畛是界线，指诸侯国疆界。先秦时国与国间的疆域要封土植树以示分界，而战争导致疆域变化，因此要确认疆域，集合民庶，故称合众。

因后世社会条件变易，上述某些礼仪就无法维持下去了，如战国时兼并战争激烈，疆域分畛的大封之礼就无法实施；而唐代均田制、租庸调制退出历史舞台后，大均之礼也失去存在条件。当然，其他军礼不但存在，有些还发展到相当繁琐的程度，同时还增加不少新的礼仪。如《大唐开元礼》中军礼有亲征类于上帝、亲征宜于太社、亲征告于太庙、亲征祃于所征之地、亲征及巡狩郊祭有司軷于国门、亲征及巡狩告所过山川、平荡寇贼宣露布、遣使劳军将、皇帝讲武、皇帝田狩、皇帝射于射宫、皇帝观射于射宫、制遣大将出征有司宜于太社、制遣大将出征有司告于太庙、制遣大将出征有司告于齐太公庙、马祖、先牧、马社、马步、合朔伐鼓、诸州合朔伐鼓、大傩等名目，其中皇帝亲征就有类于上帝、宜于太社、告于太庙、祃于祭、有司軷于国门、告所过山川等名目，甚为繁琐。当然，许多朝代也把受降、献俘等内容包括在内。

其实，在先秦时还有许多军礼，都沿用到后世。如打胜仗返回后要行饮至礼，即庆贺胜利。清华简《耆夜》记载周人征老国胜利后在国都行饮至礼事。其礼在文大（太）室内举行，周武王、周公、邵公、毕公等人参与，从记载来看，礼仪过程不繁琐，主要是作诗歌咏胜利，歌颂周公之盛德和执政理念。后世打胜仗后也有饮至礼，一直延续到清代。不过，后世在行饮至礼时，除宴请主要将官、舍爵策勋外，有时也会宣露布，即公开张贴胜利捷报，这在先秦是不存在的。又如祃祭，即出师前夕行用祈胜之礼，早在先秦便有此礼。后世也一直沿用，甚至还出现其他变相的祃祭。如宋代出征时祃祭要祭北方天王，这在先秦到南北朝都是不存在的，可能与唐代李筌有关。李筌是军事家，信奉道教，自号达观子，撰著《神机制敌太白阴经》，其卷七《祭文总序》云："师初出，则祃军之牙门，祷马群厩。蚩尤氏造五兵，制旗鼓，师出亦祭之。其名山大川，风伯雨师，并所过则祭，不过则否。毘沙门神，本西胡法。佛说四天王，则北方天王也。"

六　凶　礼

凶礼包括丧礼（丧葬礼）和荒礼，是种表达哀悼、怜悯、体恤情感的礼仪。按照《周礼》所称，大宗伯"以凶礼哀邦国之忧：以丧礼哀死亡，以荒礼哀凶札，以吊礼哀祸灾，以禬礼哀围败，以恤哀寇乱"。丧礼自然是哀悼去世者之礼，荒礼则是怜悯年成欠收之礼，吊礼是指吊问邻国之礼，禬礼是救助邻国之礼，恤礼是慰问邻国遭内乱外患之礼。这些礼仪都与社会生活贴近，因此后世凶礼的名目虽然有所不同，但大致保存了这些内容。如《大唐开元礼》有凶年赈抚诸州水旱虫灾、赈抚蕃国主水旱之类名目，其实便是上述荒礼与恤礼。

凶礼中丧葬礼包括丧礼和葬礼，主要涉及三个方面：一是对逝者从初死到葬前处理的礼仪，即敛奠礼；二是生者对逝者的辞别礼仪，即奔丧礼；三是逝者入葬的礼仪，即安葬礼。与丧葬礼密切相关的有丧服，即根据与死者的亲近程度行用丧仪的期限与程度。敛奠礼大致包括始死、复、沐浴、更衣，饭含、小敛（穿衣加衾[1]、掩、幎目）、大敛（入棺）、设灵堂、奠[2]等环节；奔丧礼大致包括发丧、吊唁（包括车驾临奠）、赠（赐）赙诸环节；安葬礼包括启殡、朝祖、大遣奠（葬奠）、发引、落葬诸环节。按照去世者不同等级，享受不同等级的礼仪待遇。

在逝者落葬后到服丧结束，还有很多祭奠环节，如虞祭、卒哭、祔、小祥、大祥、禫等礼节。虞是根据贵族等级施行祭祀，士三虞，四天；大夫五虞，八天；诸侯七虞，十二天；天子九虞，十六天。一般首次虞祭在落葬当天。虞祭结束次日是卒哭。因逝者大敛后丧者家属要行朝夕哭至卒哭为止。按照《礼记·檀弓》说法，“卒哭曰成事，是日也，以吉祭易丧祭”，即祭祀的性质变化了。祔是逝者神主（牌位）祔庙之意，帝王是祔于宗庙，

1 沐浴后的更衣是穿贴身衣服，穿衣加衾实是按照逝者的等级将规定的衣服套数裹在尸体上扎住，然后抬在尸床上。

2 奠，即将食物供奉在逝者前，自始死到入葬前均有此仪式。此后即按一定时节供奉，如小祥、大祥等。

其他大臣贵族祔于家庙。小祥是一年之后，又称期（即期年）。大祥是两周年，《礼记·间传》中明确说“期而小祥，食菜果。又期而大祥，有醯酱”，即在小祥、大祥祭祀后，服丧者根据已服丧时间在穿着、饮食等方面逐渐减轻丧服。禫是禫祭，即除服之祭，祭后从吉，不再穿丧服，整个服丧完毕。

丧葬礼涉及丧服，丧服分为有血缘关系的恩服与没有血缘关系的义服（如为国君服丧、学生为恩师服丧）。恩服包括同姓宗亲、母亲一系的外亲和妻子一系的妻亲。丧服实际包含两种意思：一是指亲属表示哀悼所穿的服装，即衰绖。衰绖之衰是丧服，绖是系在腰上麻绳。按照亲属关系远近，衰绖有差异，但质地都是麻，粗细不同，关系越亲近衰绖越粗陋，制作越简陋，其颜色为麻的本白色，但春秋时期晋国出现过衰绖染墨的情况。二是根据亲属远近分为斩衰、齐衰、大功、小功、缌麻五等服丧期限，各等服丧时间长短有不同，乃至食宿等都有相应规定。当然这种规定不是一成不变的，后世在制订具体丧服时会有所变化。例如先秦丧服有男尊女卑的特色，虽然为父母都要服三年期限，但父服为斩衰三年，母服则为齐衰三年，即《旧唐书》说的“家无二尊，丧无二斩”；要是父在，母还要减等，即《大戴礼记·本命》所说“父在为母齐衰期，见无二尊也”。无二斩、无二尊体现家中男性主人和女性主人的尊卑秩序，即男尊女卑。丧服三年，实际跨头接尾是二十五个月，也有人认为是二十七个月。到西晋时，为了保证皇帝处理日常政事，因此以日易月，实际皇帝服丧不足一个月。在五等丧服中，大功九个月、小功五个月，缌麻最轻，也要服丧三个月。显然古人非常重视丧葬之礼。

需要注意的是，先秦以来丧服男尊女卑的倾向随着时间推移逐渐发生变化。如上所说为父母服丧三年，依照《仪礼》所记为母亲服丧是以父“在”与“卒”为标准，无论是齐衰三年杖期，还是齐衰三年，均达不到为父斩衰三年的程度。到唐高宗时，武则天上表要求无论父在与否，为母均服齐衰三年，玄宗《大唐开元礼》则明确列入这一规定，母亲丧祭等级有所提高，但仍比斩衰三年差一等。此后宋代官修《政和五礼新仪》、私修《书仪》和《家礼》，乃至《明集礼》均继承此制。直到弘治年间修成的《明会典》才更改为父母卒一律斩衰三年，即母服与父服同等，其尊母又超过唐宋诸代。

服丧中还有一种特殊情况，即逝者在外地去世，而身边无亲人送回。此时可委托朋友等护送尸体返乡。护送者与逝者无血缘关系，但需行“袒免（wèn）”之礼：袒露左臂，用一寸宽的麻带从颈后系到前额，再绕回结住发髻，再系上属于朋友吊唁的首绖和腰绖。护送者将尸体送至其家，交接后便可从吉。

需要补充的是，生老病死、天灾人祸是难以避免的凶事，在古代中国，帝王对此予以高度关注，因为这可能影响到国家的安危。尤其是遇到比较严重的水旱蝗虫之灾，难以预测的重大疫情，帝王往往会易服饰、避正殿、减常膳、罢行乐、设醮斋，还会下诏减免租税、授药救治、开仓赈济、施行大赦，甚至下“罪己诏”，以示痛自责己，愿意独自承担天神惩罚，并请求减轻民众疾苦。这在《礼记·曲礼》中就有论述：“岁凶，年谷不登，君膳不祭肺，马不食谷，驰道不除，祭事不县。”尽管帝王这些做法或许只是表面文章，但至少给民众一个安慰与交代，显示出专制政权下的恻隐怜悯的一面。

七　日常生活礼仪

在古代，先民们自小就受到礼仪教育。《论语》中孔子教育孔鲤云“不学礼，无以立”，可见孔夫子对礼仪极其看重。《左传》也载“孟僖子病不能相礼，乃讲学之，苟能礼者从之”，他临死前召来大夫说道：“礼，人之干也。无礼，无以立。”因此叫两个儿子孟懿子与南宫叔敬师事精通礼仪的孔子。其实，中华先人的日常生活中一言一行都有礼仪规范，礼仪无所不在，不懂得礼仪确实寸步难行。因此，历朝历代都有礼教，对国内所有人进行礼仪教育。当然，这种礼教是基于贵贱、等级基础之上的。在统治阶级看来，“人有礼则安，无礼则危。故曰：礼者不可不学也”，即礼教可以使民众遵从礼制而使社会稳定，反之则乱。因此良好的礼仪行为可以造就和谐的社会秩序和安定的生活环境，一定程度上有利于国家安宁和社会生活、生产的有序进行。《左传》称“夫礼，天之经也，地之义也，民之行也”，《曲礼》亦有“礼者，所以定亲疏，决嫌疑，别同异，明是非也。礼，不妄说人，不辞费。礼，不逾节，不侵侮，不好狎。修身践言，谓之善行。行修言道，礼之质也”，可见礼之重要性。

在古代中国，礼又可分为经礼和曲礼。《礼记·礼器》称：

“经礼三百，曲礼三千。”经礼是指“冠婚丧祭燕射朝聘”这类重要的礼仪。曲礼之曲，是细微、细小之意。《礼记》首列《曲礼》，共104小节，郑玄《礼记目录》称“名曰《曲礼》者，以其记五礼之事”，实际这一说法不太妥善。朱熹《仪礼经传通解》释曲礼：“皆礼之微文小节，如今《曲礼》《少仪》《内则》《玉藻》《弟子职》篇所记事亲事长、起居饮食、容貌辞气之法，制器备物、宗庙宫室、衣冠车旗之等，凡所以行乎经礼之中者。”朱熹的说法是对的。《曲礼》除记五礼内容外，还涉及事亲事长、人际交往、礼容、修身交友、官制行政、词汇疏释等与日常生活密切相关的内容，因此是教化各阶层人等的十分简洁而且有效的礼教材料。尤其经过唐宋礼制下移，通过士大夫们的努力，他们撰写的通俗易懂的家训、家礼、乡规、民约有着广泛影响，使日常生活之礼更加深入庶民衣食起居、家族伦理、事亲交友、生老病死各种事务中去了，对礼仪深入民心起到十分关键的作用。如果从源头分析，至少《曲礼》是唐宋礼仪下移的重要来源之一，因此，发掘《曲礼》中可供当今借鉴的礼仪内容十分必要，也具有现实意义。

中华传统礼制内在的精神实质是礼义，强调礼对道德升华的内在价值，无论是经礼还是曲礼都具有这一特点。《曲礼》开章明义第一句话：“毋不敬，俨若思，安定辞。”郑玄注“毋不敬”为“礼以敬为主”，点出了“敬”是礼最为核心的道德原则之一。“俨若思，安定辞”，在《礼记·乐记》中有“致礼以治，躬则庄敬，庄敬则严威”，可作为其注脚。俨若思指容貌庄敬若思，安定辞即谨慎言辞。在儒家看来，礼是区别人与禽兽的分界线，敬又是礼的核心道德原则之一，因此《曲礼》中明确记载道："君子恭敬撙节退让以明礼。鹦鹉能言，不离飞鸟；猩猩能言，不离禽兽。今人而无礼，虽能言，不亦禽兽之心乎？夫唯禽兽无礼，故父子聚麀。是故圣人作，为礼以教人。使人以有礼，知自别于禽兽。"显然，作为区别人与禽兽标准之礼是极为重要的。

由此，"敬"是一切人、事的基本和首要要求，"礼以敬为主"涉及政治、人伦、修养等方面。如张栻《癸巳论语解》对"子入太庙每事问"解说道："礼以敬为主。宗庙之事严矣，其大体圣人固无不知也。至于有司之事，则容亦有所不知者焉。知与不知，皆从而问，敬其事也。或以为不知礼，圣人告之以是礼也，所以明礼意之所存也。"确实，以孔子之博学，宗庙之事自然会懂得不少，无须每事问，然而他每事问，显示出对他人的尊重，对宗庙的尊重，可见孔子知礼、懂礼、行礼的高尚道德，体现出《礼记·儒行》所说的"礼节者，仁之貌也"。仁者爱人，仁者敬人，这是要求发自内心真诚的对对方的敬意。《曲礼》称"君子恭敬撙节退让以明礼"，指出"礼者，自卑而尊人。虽负贩者，必有尊也，而况富贵乎？"这种规范与现代社会的平等、民主观念异曲同工。

礼除了卑己尊人以示敬重他人，实际还有敬畏之意。如《礼记·哀公问》载哀公问"人道谁为大"，人道即治理人的办法，孔子回答"政为大"；哀公又问如何为政，孔子明确答道："政者正也，君为正，则百姓从政矣"，"古之为政，爱人为大。所以治爱人，礼为大。所以治礼，敬为大”。孔子是强调执政者必须行正道，并称古人行政首先是爱人，爱人就须以礼为大，行礼中敬最为重要，故《礼记正义》称：“人为国本，是以为政之道，爱养民人为大。”宋代治《礼记》的大家卫湜，其著《礼记集说》明确对此做出解说：“人有礼则生……礼以敬为主，故治礼则先敬……亲爱则仁也，尊敬则义也，仁义政教之本也。”卫湜也强调爱人、尊敬和行仁义是国君行政的根本。如果国君无敬畏之心，就不会有爱人之仁心，就会视民庶为草芥，不关心其疾苦，自然民庶视国君为独夫民贼了。敬畏一义，不能不说。可见，为政之要，在于敬，故《孝经·广要道》说：“安上治民，莫善于礼。礼者，敬而已矣。”礼主敬，敬是礼的外在形式，而内在实质是体现国君、君子们之仁德。

曲礼除了表现礼之精神实质，其具体细节亦表现在方方面面，要求一举一动都遵循仁德，以提升道德水准，养成君子之风范。《曲礼》称：“富贵而知好礼，则不骄不淫；贫贱而知好礼，则志不慑。”意思是喜好礼不分贵贱，富且贵者好礼就不会骄奢淫逸，贫贱者好礼那么就不会志怯心疑，因此人人都可遵循礼而成为君子。《曲礼》又说“博闻强识而让，敦善行而不怠，谓之君子”，而且“君子不尽人之欢，不竭人之忠”，既不要求别人喜欢自己，也不要求他人为自己尽忠，懂得“礼尚往来”，能“自卑而尊人”，不毁诋他人，不轻佻草率。显然，这种具有博闻、强识、谦让、行善不辍、不懈怠、卑己尊人、知礼遵礼的人，才是谦谦君子。《曲礼》指出，君子“敖不可长，欲不可从，志不可满，乐不可极”，即不骄傲、不纵欲、不自满、不贪图享乐，要亲近贤者，善于知人，能积财而多布施，既守成规又善于变通。又云“临财毋苟得，临难毋苟免。很毋求胜，分毋求多。疑事毋质，直而勿有”，即不贪财物，临危不惧，不争强好胜，遇疑不臆断，不自以为是。这些好礼遵礼、乐善好施、庄敬谦卑者是理想的君子，标准不可谓不高，但这些标准又确有必要。若反其道而行，岂非桀纣、易牙之类?

家庭是社会最小的细胞，因此《曲礼》对家庭伦理、亲属礼仪多有论述。《曲礼》称“幼子常视毋诳，童子不衣裘裳”，意思是教育幼儿要正确，不要欺骗他，小孩穿着不能过分，显然礼仪是需要从小教育的。《曲礼》强调“在丑夷不争”，体现兄弟敬爱和睦，同心同德；要求“年长以倍则父事之，十年以长则兄事之，五年以长则肩随之。群居五人，则长者必异席”，以家庭伦理来比喻交友之道，反映出家庭应有和谐的伦理关系。《孝经》中载孔子之语:“教民亲爱，莫善于孝。教民礼顺，莫善于悌。移风易俗，莫善于乐。”如对父母，“冬温而夏凊（qìng），昏定而晨省”，既关注父母冬夏冷暖，也必须早晚请安问候。又如“出必告，反必面”，“不服暗，不登危，惧辱亲也。父母存，不许友以死。不有私财”，“父母存，冠衣不纯素。孤子当室，冠衣不纯采”，“父母有疾，冠者不栉，行不翔，言不惰，琴瑟不御，食肉不至变味，饮酒不至变貌，笑不至矧，怒不至詈。疾止复故”，“亲有疾，饮药，子先尝之”。这些都是孝的表现。即使受到国君“三赐”，担任了官吏，也必须谦谨，《曲礼》称“为人子者，三赐不及车马”。按《周礼》记载，“一命受爵，二命受服，三命受车马”，三赐命已是有爵位的朝廷命官，从规定上说可以接受车马之赐，但作为孝子应当婉辞车马，如此“州闾乡党称其孝也，兄弟亲戚称其慈也，僚友称其弟也，执友称其仁也，交游称其信也”。倘若担任个芝麻小官就盛气凌人，不可一世，毫无临渊履薄之心，这样的人即使当上帝王，也只能是败国毁家的败家子。

礼容是指行用礼仪时的容貌、体态、言语表达等方面，通过礼容反映行礼者对礼仪的掌握与道德水准的层次。《曲礼》有许多关于礼容的论述，如“毋侧听，毋噭应，毋淫视，毋怠荒。游毋倨，立毋跛，坐毋箕，寝毋伏。敛发毋髢，冠毋免，劳毋袒，暑毋褰裳”，这从与人交往规范、交往态度、言辞表达、言行举止、容貌修饰等方面对行礼者提出了要求。“坐如尸，立如齐”六字说得更具体。古代祭祖时，由孙辈代祖父之神坐着接受祭祀，称为尸，因此尸必矜敬威严。齐即斋，要求站立要像斋戒那样恭敬不怠慢。也就是说，深谙礼仪者坐、立都有具体要求，表达自己庄敬恭谦。“立必正方，不倾听”，也是要求行礼者站立必须正对四方方位，不歪头侧耳而听，因为这样会表现心不在焉，对他人不尊重。

如果是侍坐长者或师辈，那么更加要恭敬谦诚：“侍坐于先生：先生问焉，终则对。请业则起，请教则起。”如果师长有指派，那么就立即去承办，即“先生召无诺，唯而起”，如果“先生书策琴瑟在前”，那么就要绕着走，不可跨过。长辈没与你说话，就不要插嘴，更要做到容貌端庄，听讲恭敬，不抄袭他人成说，不与他人观点雷同。在师长面前一切行为要慎重、严谨。先秦时期，古人席地而坐，因此侍坐长者，就不能穿鞋上堂，脱下的鞋不可正对着堂阶，出来时要跪地取鞋，侧身穿鞋，用这些形体动作表达对长者的尊重。这些内容至今仍有参考、借鉴价值。

《曲礼》中有相当篇幅谈到为君、为臣的礼仪规范。如为君为臣之道首在道德，为君为臣须与民同乐，体谅民庶疾苦："岁凶，年谷不登，君膳不祭肺，马不食谷，驰道不除，祭事不县。大夫不食粱，士饮酒不乐。"意思是天灾歉收之年，国君不杀牲、喂马不用谷物，以示节俭。另外还不能增加民众负担，祭祀不悬挂钟磬等乐器，大夫不食粱，士饮酒不乐，都体现与民同甘共苦、厉行节俭并承担自责的心态。后世帝王遇灾会避正殿、禁屠宰、节膳食、罢器乐、下罪己诏，两者含义是一致的，即国君承担责任，臣僚不可奢靡。在《曲礼》作者看来，国君职责在主持国家大事，如"朝诸侯，分职，授政，任功"之类大事，而不是所谓的细大不捐的"勤政"。《曲礼》对国君或贵族遵循自然规律、保护生态提出要求："国君春田不围泽，大夫不掩群，士不取麛卵"，"水潦降，不献鱼鳖"，即规定在动物生长繁殖之时不可肆意猎取动物，以利动物种群繁衍。同时，春天又是民庶农忙之时，不田猎捕鱼则使民庶有更多的劳动时间，有利于农业生产的发展。这些涉及生态保护的规范极有价值，至今仍有很高的参考价值。《曲礼》还提出国君当爱民如子、尊老护老，如国君需要"式黄发，下卿位，入国不驰，入里必式"，即向高龄者行轼礼，经过执政大臣卿之前要下车，进入国门不驾车急驰，到居民区要行轼礼，这都要求君王礼敬臣民，不可盛气凌人、胡作非为。为官自然也有为官之道，需要遵从许多礼仪规范，如出入朝门从右侧进，不践踏门槛；国君命令，“已受命，君言不宿于家”，“君命，大夫与士肄。在官言官，在府言府，在库言库，在朝言朝。朝言不及犬马”，“公事不私议”，也就是认真、迅速地执行国君命令，一切为公事而不假公济私。当然，为臣不可愚忠，发现国君的错失就要勇于批评指正，尽管为人臣之礼“不显谏”，但也不能上恭下倨，“三谏而不听，则逃之”，也就是不怂恿国君作恶，更不助纣为虐。

如果历史地看待这些言论，那么在当时的历史条件下，《曲礼》对统治者做出的道德规范，有利于营造一个相对比较安定、祥和的吏治环境，客观上也给民庶一个比较安全的生活环境，让他们有较多时间参加生产劳动，有利于社会稳定和经济发展，因此这些礼仪规范还是有较高的参考价值的。

第五章
皇皇典籍

《周礼·天官》:“三曰礼典,以和邦国,以统百官,以谐万民。”

《礼记·礼运》:“礼者,君之大柄也。所以别嫌明微,傧鬼神,考制度,别仁义,所以治政安君也。”

《隋书·柳彧传》:“明王训民治国,率履法度,动由礼典。非法不服,非道不行。”

尽管礼制在古代中国对社会安宁和谐起到过无可替代的作用,然而它毕竟如《礼运》所言:“礼者,君之大柄也。所以别嫌明微,傧鬼神,考制度,别仁义,所以治政安君也。”这在《左传》表述为“礼,国之干也”,即礼制是历代王朝用以控制国家政权、管控民庶的统治工具,其性质是十分清晰的。将礼作为“国之干”的思想,是当时贤达对国家和社会治理的思考与总结,也是古代中国长达数千年以礼治国的理论基础，当然也是2000余年封建专制政体的稳固基石。由此，以儒家为代表的士大夫们对礼学经典三礼的注疏与研究非常丰赡，古代中国的统治者对国家礼典的修撰不遗余力，而唐宋之后士大夫撰写的私家礼书亦是汗牛充栋，这些典籍都是研究中华传统礼制的珍贵资料。稽考历代礼学典籍，弄清中华传统礼制的礼学依据与发展趋向，对深入了解中华传统礼制的演化大有助益。

一　三　礼

中华传统礼制之所以传承久远，许多具体礼仪都能梳理出源流，这与历代王朝反复编纂礼典、帝王大臣经常讨论礼仪和士大夫编纂私家礼书分不开的。其中官颁礼典对国家政治的运作、社会民庶的管控、道德风尚的引导起着关键作用。而南北朝之后出现的士大夫所撰的私礼著述，则为礼仪传播起到非常重要的作用。但是，无论是官修礼典还是士大夫的私家礼书，其合法性的依据则是儒家经典三礼，即《周礼》《仪礼》和《礼记》。

三礼主体内容大致都始撰于战国时期，在秦时曾受到严禁与焚毁，到汉初才以各种方式重现于世，其中杂入部分汉代内容。三礼为后世帝王修撰礼典做了理论阐发，主要代表着战国时期儒家思想家对国家的建构与理想。就三礼内容看，大致有以下几个特点。

首先，三礼都将礼作为治国之本。《仪礼》主要是分门别类记载士一级贵族所行用的各种礼仪，在其行用之中也显示出礼是治国之本。如《士冠礼》，冠者在完成仪式后，表示已经成人，可以担当国事家事，因此他必须“奠挚见于君”，反映出冠者愿为国效力之意。《大射仪》是反映调整君臣关系、显示君臣道德的篇章，是国君与臣下共同参与的礼仪，以此礼维护君臣正常关系，作为治国的策略之一。《礼记》明确声称“重礼所以为国本也”，《周礼》设计六官系统，除《考工记》外，都有“惟王建国，辨方正位，体国经野，设官分职，以为民极”，这都反映了礼是治国之本。

其次，三礼强调以礼来维持贵贱等级制度，以维护国家的稳定和安宁。

《礼记·曲礼》强调“君臣上下父子兄弟，非礼不定”。《周礼》则构建了自天子到细微小臣的各种梯级，等级森严。《仪礼》在阐述具体礼仪时贯串着浓厚的尊君卑臣、贵贱等级的思想，后世制作礼仪，无不以此思想为准则。如《士相见礼》称“若君赐之食，则君祭先饭……君命之食，然后食……若君赐之爵，则下席，再拜稽首，受爵……君为之兴，则曰：‘君无为兴，臣不敢辞。’君若降送之，则不敢顾辞，遂出”，君臣等级森然可见。《丧服》更明确了各种等级的具体丧期、服饰与行为方式。这些有关贵贱等级的言论对后世影响极大。

再次，三礼都强调以礼来规范所有行为，培养君子。

三礼体现出儒家圣贤这样一种思想：礼是国家、个人一切行动的准则与规范，上自帝王、下至民庶都要按礼之规范去行事；

同时，遵循礼制，讲求道德修养，可以使个人成为雍容和蔼之君子；如果人人安于其位，君臣相互尊重，民庶和好相处，避免一切无谓争执，那么国家就政通人和，社会和谐稳定，社会经济便会有良好发展，理想的小康社会就会来临。这就是儒家的礼治思想。因此，《周礼》六官系统，要求自天子到普通官员都必须依礼各司其职。《仪礼》诸篇可见各种礼仪的具体规范，也就是要求诸种人等按礼的规范行事，这便可以成为君子。《礼记·曲礼》更是规定各种礼仪的细枝末节，涵摄了自从政事君、居家伦理、交友、婚丧喜庆等在内的行为规范，自小培养良好的礼仪习惯，使自己成为君子。同时，《礼记》也认为君臣父子的关系要建立在礼的基础之上，“正君臣，亲父子，和长幼。君臣正，父子亲，长幼和，而后礼义立”，礼义立则国运昌，国运昌则民富国强。《新唐书·礼乐志》说“凡民之事，莫不一出于礼。由之以教其民为孝慈、友悌、忠信、仁义者，常不出于居处、动作、衣服、饮食之间。盖其朝夕从事者，无非乎此也”，可作为上述礼治言论的注脚。总之，长达2000余年的封建社会中，许多士大夫至少表面宣扬的是儒家这套礼治理论，将其作为治国良方，也表达了以礼教治国的理想。

从次，三礼都强调建立制度的重要性。

《仪礼》和《礼记》都从具体的礼仪来体现或论述礼对培养君子、治国安民的重要意义。而《周礼》更是明确提出“惟王建国，辨方正位，体国经野，设官分职，以为民极”，其中天官大宰掌控六典，协助天子“治邦国”。按照郑玄注解，“典，常也，经也，法也”，“王谓之礼经，常所秉以治天下也”，“邦国官府谓之礼法，常所守以为法式也”。六典便是治典、教典、礼典、政典、刑典和事典，都与政教礼制相关。而春官大宗伯着重掌管礼制，其职责侧重于以礼“和邦国”。清人孙诒让《周礼正义》认为这些典册是国家治理的大经大法，包括礼典、法典和其他各种规章制度：“典本训书册，书册所以著政法，故又为典法也……典法者，治之大经，可以常行者。”显然，设置官员掌握典册来治理国家，体现天子对国家的掌握权，治理国家的合法性。后世帝王不断修正各种“典册”，都是围绕着自己统治的合法性和必要性来展开的，其依据便是三礼。《礼运》明确声称：“礼者，君之大柄也。所以别嫌明微，傧鬼神，考制度，别仁义，所以治政安君也。”《乡饮酒》也说：“贵贱明，隆杀辨，和乐而不流，弟长而无遗，安燕而不乱，此五行者，足以正身安国矣。”可见，三礼确实具有浓厚的“治政安君”“正身安国”的政治功能。

最后，三礼在宣扬以礼治国时，并未放弃法的作用。

实际上，礼教并非古代中国统治者唯一追求的治国手段。《礼记·王制》称天子“命大师陈诗以观民风，命市纳贾以观民之所好恶，志淫好辟”，“司徒修六礼以节民性，明七教以兴民德，齐八政以防淫，一道德以同俗……上贤以崇德，简不肖以绌恶”;《月令》中天子“专任有功，以征不义。诘诛暴慢，以明好恶”，其中已经带有以“律”绳顽惩恶之意。《周礼》司救职责是“掌万民之邪恶过失而诛让之，以礼防禁而救之”，因此“凡民之有邪恶者，三让而罚，三罚士加明刑”，显然也以律法来严禁邪恶过失。清人纪昀《阅微草堂笔记》一语中的："神道设教，以驯天下之强梗，圣人之意深矣。""驯天下之强梗"就是以法治这种严厉手段来惩戒骄横跋扈、胡作非为之人。

瞿同祖《中国法律与中国社会》一书肯定了礼教之价值，指出若能实现礼治，"则人民根本便无恶的动机，一切恶的行为自无从发生，法律制裁更无存在的必要"，但他同时也强调："儒家的思想支配了一切古代法典，这是中国法系的一大特色……礼与法都是行为规范，同为社会约束，其分别不在形式上，也不在强制力的大小……同一规范，在利用社会制裁时为礼，附有法律制裁后便成为法律……同一规范，不妨既存于礼，又存于法，礼法分治，同时并存。"瞿先生从法律角度分析了古代中国的礼教、法律在治国上的意义与价值，指出礼法两手都是统治国家的重要手段。王立民研究唐代礼法关系，认为"唐律把礼作为立法的灵魂，其内容处处可见礼的精神……唐律以国家意志的形式确定礼的合法地位，并用刑罚手段严惩违礼行为，这不仅使礼成为一种人人必须普遍遵守的行为准则，还使礼与法得到了统一，紧密结合于律中"。瞿、王两位先生的观点值得重视，因为古代中国的统治者从来没有放弃过礼、法两手的治国手段。

三礼强调礼作为治国之本，以礼来维持贵贱等级制度，以礼来规范所有行为。培养君子、强调建立制度的重要性和主张以礼法两手来治国，实际非常适合后世封建专制政权的需要，因此后世王朝编纂礼典无不以三礼为准的，其原因便在这里。

二 官修礼典

历朝历代都不会无视礼制建设，甚至在某些时间还大张旗鼓地修订礼典，构建为自己王朝服务的礼制体系。且不说秦始皇、唐太宗、晋武帝、明太祖都在一统天下之后马上着手制订礼典，即使如残暴无常的隋炀帝也召集江南礼学家修撰了《江都集礼》，日薄西山的北宋末年，宋徽宗面对即将崩塌的局面，仍动用大量人力物力制订了规模巨大的《政和五礼新仪》，可见封建帝王们对礼典修撰的热忱，这当然与其统治密切相关。

从现存典籍来观察，至少在西周初年就有相对比较规范的礼典。《尚书大传》称周公摄政六年制礼作乐，虽然是否在摄政六年制作难以确认，但《左传》有“先君周公制《周礼》曰”云云，应当是周公制作周礼的明证，这就是周礼，严格来说是西周礼。周礼沿袭到春秋时期出现变化，这是因为这一时期霸主强国“违礼逾制”，实际是在新的历史条件下改易了礼制，以适应时代变迁，用以证明自己政权的合法性和使用某些礼仪的正当性。这一礼制变革一直在进行过程中，到战国末年都是如此。也就是说，虽然春秋战国时期沿袭周礼，但各诸侯国在这基础上不断变革礼仪。

例如在周礼中，祭天是天子（周王）的独有权力，但春秋战国时诸侯们祭天比比皆是，比如秦就有祭天之礼。《史记·封禅书》:“唯雍四畤，上帝为尊。”雍是祭昊天上帝的礼仪，“四畤”是四季于四方祭祀天帝，畤有专门场所和规定时间。四畤一般指秦文公置鄜畤祭白帝，宣公置密畤祭青帝，灵公置上畤祭黄帝、置下畤祭炎帝，可见从春秋早期秦就有祭天仪式。直到楚汉相争时，汉高祖又设北畤祭黑帝，凑成五畤。《封禅书》还记载齐国祭天的“祠天齐祠”，这是齐国祭天。楚国自称“王”，祭天当然成为楚国必须举行的礼仪。实际上，不但秦、楚、齐这样的大国祭天，一些小国也行祭天之礼，以显示自己统治的合法性、正当性并祈求天神保佑。如《殷周金文集成》载徐王义楚鍴：“唯正月初吉丁酉，徐王义楚择余吉金，自作祭鍴，用享于皇天，及我文考。”显然这是东南小国徐国祭天的记载，北方小国中山国也进行过祭天的礼仪。

其实，后世南郊祭天是承袭先秦祭天而来的，都是宣示政权合法性、祈祷天帝护佑的重大礼仪。南郊祭天要配祖，即选择开国帝王的一位祖先陪祀，帝王亲祀以显示尊天敬祖之意，政治意味极其浓烈。历代王朝都设置专门的制礼机构，如历代的太常寺、礼司、隋唐之后三省六部中的礼部都是专门机构，当然也有临时设置的制礼机构，如北宋的礼仪院、详定郊庙奉祀礼文所等，清代有典礼院，这些官署都是为王朝服务的制礼机构。

秦统一，虽采纳东方六国一些礼仪，含有一些儒家因素，它制订的崭新的封建专制主义的礼制，并不完全依据儒家经典行事，因此有独创性。而秦君权至上的集权专制的制礼思想，也被后世王朝继承。后世在这一基础上，结合儒家经典著述来构建礼制体系，撰成礼典，行用于历朝历代。汉初叔孙通为不喜欢儒家的高祖制作朝会仪，就是突出了君权至上，受到高祖的称颂。叔

图5 衡山南岳庙棂星门

孙通还为高祖制订过《汉仪》《汉礼器制度》，也是一时之制。据《后汉书》称，东汉初“旧章多阙，每有疑议，辄以访（张）纯，自郊庙婚冠丧纪礼仪，多所正定”，张纯还与其他大臣一起议定宗庙之制、禘祫之礼，光武帝行封禅，也是张纯建议并议定的。后汉曹充、曹褒父子都精通礼仪，曹褒“建武中为博士，从巡狩岱宗，定封禅礼，还，受诏议立七郊、三雍、大射、养老礼仪”。《后汉书》现有《礼仪志》3卷、《祭祀志》3卷、《舆服志》2卷，可见东汉礼制建设之一斑。《隋书·经籍志》载两汉时期有关典籍有：王隆《汉官解诂》、应劭《汉官》《汉官仪》、蔡质《汉官典职仪式选用》等书，《后汉书》有卫宏《汉旧仪》等，虽然不能确认这些都是官修礼典，但大致可见两汉官修礼典的痕迹。

三国时期，军阀混战不休，礼制建设自然谈不上有多少建树。据《宋书·礼志》称“三国鼎峙，历晋到宋，时代移改，各随时立。自汉末剥乱，旧章乖弛，魏初则王粲、卫觊典定众仪，蜀朝则孟光、许慈创理制度”，但具体礼仪情况介绍颇少。西晋统一，武帝诏令荀觊、羊祜、任恺、庾峻、应贞等人删集典礼，成百六十五篇《新礼》，此书以五礼为纲，为后世礼典修撰奠定了体例上的基础。《晋书》有《礼志》3卷、《乐志》2卷、《舆服》1卷，可了解两晋五礼制度的初步情况。当然，除《新礼》外，《宋书》《晋书》提到的有关西晋大朝会的《咸宁注》亦是官方礼典。顺便补充一句，历朝历代都修过许多礼典，只是没有保存下来而已，这可参见正史中的《经籍志》或《艺文志》有关礼乐的部分。

南北朝时，各王朝在礼制建设上也有诸多建树，《宋书》有《礼志》5卷、《乐志》4卷，在追叙汉魏时期礼制的基础上，对刘宋王朝的礼制做了介绍。萧齐初承袭刘宋礼制，据《南齐书·礼志上》称，永明二年，尚书令王俭受齐武帝之诏，“因集前代，撰吉、凶、宾、军、嘉也”，但据《梁书·徐勉传》称“制作历年，犹未克就。及文宪薨殂，遗文散逸”，即部分修撰成的礼典也未能保存下来。今《南齐书》有《礼志》2卷、《乐志》1卷、《舆服志》1卷，大致可看出萧齐五礼的行用情况。《梁书·徐勉传》载梁武帝下诏修礼典事，规定“五礼各置旧学士一人，人各自举学士二人，相助抄撰”，《通典》称“吉礼则明山宾，凶礼则严植之，军礼则陆琏，宾礼则贺玚，嘉礼则司马褧。又命沈约、周舍、何佟之等参会其事”，最终撰成吉、凶、军、宾、嘉五礼达1000余卷。梁五礼制度相对比较完善，到陈朝时仍然沿用。

西晋末年，北方少数民族进入中原地区，陆续在中原地区建立政权，与东晋及后来的南朝相对峙。历史上分别称为东晋十六国时期和南北朝时期。东晋十六国时期的北方少数民族政权建立时间都不长，战争又极频繁，因此进入中原后，礼制方面很少有创树，即使为证明自己政权的合法性和便于统治中原汉族百姓，也大多沿用原西晋礼制。当然不能说这些统治者对礼制都毫无认识，如前秦、前燕、后赵、后秦、北燕帝王其实都曾有过礼制建设的动议，只是由于政权崩塌而未能实施。实际上十六国时期的帝王对礼制的作用仍是有一定认识的，如前秦苻坚曾说过“宰宁国以礼，治乱邦以法”，说明他对儒、法两家治国主张的认识。

南北朝是指北魏，以及后来演化为东魏、西魏、北齐、北周五个王朝与南方宋齐梁陈四个政权的对峙时期。拓跋什翼犍建立代国，但仅30来年便灭亡了，后来道武帝复国，改称魏，史称北魏。北魏开始建都平城，孝文帝时迁都洛阳。早在建都平城时期，由于统治的汉人较多，北魏统治者逐渐采纳汉式礼仪，以便平息民族矛盾、稳定统治。如文成帝时刁雍上表提出“修礼正乐，以光大圣之治”，文成帝让大臣集议其事，说明对汉式礼仪的重视。迁都洛阳后的孝文帝，更是热衷于礼制建设，强调“营国之本，礼教为先”。故孝文改制时文明太后对道武帝之时董谧等人所制订的礼仪批评甚多，说董氏“未知古式，多违旧章”，因此对郊庙、社稷、朝觐、飨燕等都加以改易，其更革趋向是汉式礼仪。孝文改制是南北朝时期民族融合的重大事件。实际上，迁都洛阳前后，南方许多士大夫由于各种原因投奔北魏，因而为孝文帝各种改革奠定了人才与知识的基础。《隋书》甚至称孝文帝“太和之后，盛修文教，搢绅硕学，济济盈朝，缝掖巨儒，往往杰出，其雅诰奥义，宋及齐、梁不能尚也”。遗憾的是，北魏的礼典没有保存下来，只在《魏书》中存有《礼志》4卷、《乐志》1卷。北魏孝武帝西迁，国家分裂为东魏和西魏，之后演化为北齐、北周。这四个政权都积极向汉式礼仪靠拢，但程度与具体做法不同。大致说来，东魏、北齐一系利用南朝北逃士人对礼制做了较大更革，其礼制含有更多的汉式礼仪因素。西魏北周则依据《周礼》进行复古式变革，脱离时代变革的总趋势的轨道，尽管其中不乏汉式礼仪因素，但总体上大打折扣。

《隋书·经籍志》《旧唐书·经籍志》和《新唐书·艺文志》记载了魏晋南北朝时期不少礼典，如《晋尚书仪曹新定仪注》《甲辰仪注》《大驾卤簿》《梁尚书职制仪注》《晋尚书仪曹吉礼仪注》《后魏仪注》《北齐吉礼》《北齐皇太后丧礼》《陈吉礼仪注》《陈皇太子妃薨仪注》等当是官修礼典，不过这些典籍没有保存下来。

隋朝统一，虽然延续时间极短，但在礼典制作上成就突出，先后编成《开皇礼》《仁寿礼》《江都集礼》3部礼典，应当说这在古代中国算得上是个制礼频繁且成果卓著的时期。《开皇礼》主要因袭北齐、南朝礼为多，也吸收部分北周之礼，但创新不多。《仁寿礼》在《开皇礼》的基础上做过部分更革。而126卷的《江都集礼》则是杨广担任扬州总管时召集江南著名礼家集体编撰的礼典，其特点是不但记载礼仪变革，还吸收前代“郑（玄）、王（肃）、徐（广）、贺（玚）之答，崔（灵恩）、谯（周）、何（承天）、庾（蔚之）之论”等礼学名家的礼论，故此礼典与其他礼典有较大不同。《江都集礼》今已亡佚，除散见于《唐会要》《旧唐书》《宋会要辑稿》及朱熹《仪礼经传通解》《朱子语类》等一些典籍外，日本《日本三代实录》也引用过《江都集礼》，其中《通典》保存相对较多，但仍是残篇断句，难以窥见全貌。

唐宋两代是古代中国官修礼典的顶峰，出现了规模巨大的礼典，还有其他各种官方礼书或其他有关礼制的典籍。唐太宗下诏整理儒家经典，在前代礼家注疏的基础上编成《五经正义》这部规模巨大的官方经学著作，以此作为官学教育及科举考试标准课本，当然也对民间教育起到很大作用。《五经正义》中有《礼记正义》和《春秋（左传）正义》，都有较多的礼学、礼制内容。稍后贾公彦撰《周礼疏》50卷、《礼记疏》80卷、《仪礼疏》50卷，儒家经典三礼到高宗时已经被逐个完整、详细地注疏了，这对唐代礼典的编纂自然产生深远影响。

唐代官修有贞观、显庆、开元三礼，现仅存《大唐开元礼》150卷，完整地记载了大唐盛世时期的礼制情况，是当时国家行用礼仪的规范与要求。除三部礼典外，还应当加上玄宗时成书的《唐六典》这部典制著作。所谓六典包括治典、教典、礼典、政典、刑典和事典，其中礼典亦属官颁礼典，其他诸典中也有少量礼制内容。

实际上，唐人并非依据这些规模巨大、礼仪繁琐的礼典来行用礼仪，而是在具体行用某种礼仪前，大多以下诏或律令格敕的方式来确定行用的具体礼仪流程，一般说来比礼典要简单实用一些。除上述官方礼典外，《大唐郊祀录》《礼阁新仪》《曲台新礼》和《续曲台礼》等也属于官方编纂的礼典，具体书目可参见两《唐书》相关的志和《玉海》卷六九。

北宋立国，当时北方有强大的辽国及其附庸北汉，南方还有一些小国，因此太祖时期没有精力仔细修订一代之制，所颁布的200卷《开宝通礼》尽管不像朱熹所说的完全抄袭《大唐开元礼》，但也确实主要是沿袭唐、五代（如后周的《周通礼》）礼制，没有太多创新。太祖时还有100卷的《通礼义纂》，与《开宝通礼》一起行用。自然，这两部礼典在具体行用中存在诸多问题，因此太宗、真宗朝以修具体礼典来做补充，如太宗朝的《淳化内外官仪制》，真宗朝的《景德閤门仪制》《合班图》和《祥符御史台仪制》之类。到仁宗天圣五年，太常博士同知礼院王皞奏上所撰60卷的《礼阁新编》，受到皇帝赞赏。《宋史·礼志》称此书“大率礼文，无著述体，而本末完具，有司便之”，显然是作为官方行用礼仪时的礼典了。仁宗朝重要礼典还有贾昌朝的《太常新礼》和欧阳修的《太常因革礼》。神宗时任用王安石变法，尤其是元丰后专门在太常寺置局，作为专门的制礼机构，对礼仪制度进行改革，曾编写了《朝会仪注》46卷、《祈禳》40卷、《蕃国》71卷、《丧葬》163卷等等。王安石变法失败后，神宗时期的礼典大多被废弃不用。哲宗绍圣初累诏编修礼典，最终成书300卷，但连书名都未传下。据《宋史·礼志》记载，徽宗自大观初在尚书省置议礼局，“命详议、检讨官具礼制本末”，“三年书成，为《吉礼》二百三十一卷、《祭服制度》十六卷，颁焉。议礼局请分秩五礼，诏依《开宝通礼》之序。政和元年，续修成四百七十七卷，且命仿是修定仪注。三年，《五礼新仪》成，凡二百二十卷”，还刊印下发各地。但这规模巨大的礼典并不方便使用，“宣和初，有言其烦扰者，遂罢之”。显然行用也没有几年。尽管如此，《政和五礼新仪》是宋代最为重要、最为完善的礼典，就其学术价值而言，它在中国礼制史上与《大唐开元礼》一样，是有很高地位的。南宋时修成重要的礼典有300卷的淳熙《中兴礼书》，各30卷的嘉定《续中兴礼书》和《嘉定通礼》。需要补充的是，宋代政府先后编过十三朝会要，遗憾的是这些重要典制都亡佚了，清代徐松从《永乐大典》中辑出，分门别类地编成《宋会要辑稿》，其中帝系、后妃、礼、乐、舆服、仪制中礼制内容极多，职官、崇儒、选举、蕃夷等也有礼制内容。因会要原是官方所编，徐松大多是原文抄录，虽有错漏，但其资料性质类似礼典。当然，正史两《唐书》和《宋史》的礼志部分虽是后人所编，然仍是唐宋很重要的礼仪汇编。

辽金两朝官修礼典不甚多。据《辽史·礼志》称，“今国史院有金陈大任《辽礼仪志》，皆其国俗之故，又有《辽朝杂礼》，汉仪为多。别得宜文阁所藏耶律俨《志》，视大任加详”，即除金人陈大任一书外，辽朝国家礼典有《辽朝杂礼》和耶律俨《礼仪志》。其实还有一部国家颁行的礼典，《辽史·韩知古传》中，韩知古曾“总知汉儿司事，兼主诸国礼仪。时仪法疏阔，知古援据故典，参酌国俗，与汉仪杂就之，使国人易知而行”。这当是编成之礼典。这些礼典都未保存，今《辽史》有《礼志》《乐志》《仪卫志》共11卷，大致概括了辽朝行用的五礼制度。有金一代传承至今的礼典仅有40卷《国朝集礼》（部分亡佚，不详究竟多少卷，即今《大金集礼》），编订于大定末年。《金史》有11卷《礼志》，主要依据《集礼》编成。另外，自世宗起修撰，成于章宗明昌初的《金纂修杂录》400卷，还有明昌六年张暐领衔编纂的《大金仪礼》（不详卷数）。张暐之子张行简著《礼例纂》120卷，虽是私撰，但当是依据国家所颁行的礼典汇编而成。《金史》还有《乐志》《仪卫志》《舆服志》共7卷，也与金朝礼制有关。

元朝不重视汉式礼仪，虽在忽必烈时期制订过一些汉式礼仪，但《元史·礼乐志》明确说：“至元八年，命刘秉忠、许衡始制朝仪。自是，皇帝即位、元正、天寿节，及诸王、外国来朝，册立皇后、皇太子，群臣上尊号，进太皇太后、皇太后册宝，暨郊庙礼成、群臣朝贺，皆如朝会之仪；而大飨宗亲、锡宴大臣，犹用本俗之礼为多。”可见是种蒙汉混用的礼制体系。今所见元朝礼典之名有《太常集礼》（不详卷数）。《经世大典》部帙巨大，据记载达880卷，其中有《礼典》一类。可惜两书均亡佚，今人从《永乐大典》中辑出《经世大典》部分资料，仍立《礼典》一类，但内容不多。《元史》保存了5卷《礼乐志》、6卷《祭祀志》、3卷《舆服志》，是目前研究元代礼制的宝贵资料。

朱元璋起兵反元，在礼制更革上打着革除元代“胡礼”，绍续周汉唐宋以来“礼统”的旗号。据《明太祖实录》，早在甲辰年（1364），朱元璋就采用新的“庙祭享及月朔荐新礼仪”了，大规模礼制建设则自吴元年（1367）开始，次年设律、礼、诰三局，其中礼局专门制订相关礼仪。洪武元年诏定皇帝以下冠服之制，同时也定下丧服之制、冠礼、婚礼等重要礼仪。洪武二年八月，下诏修纂大明礼制，次年九月成书，即50卷的《明集礼》。《明集礼》主要是斟酌历代礼制，又以周汉唐宋之制为主，以定一代之宜。但成书仓促，问题甚多，因此明太祖时期一直在陆续修正，至死都没有完成。大明礼历经永乐等帝的补葺增订，到嘉靖时又重修，把原来南北两京分别祭祀合并于一，又将生父兴献帝“称宗入庙”，改变了皇帝才可入太庙的制度，还陆续变革了郊祀、庙制、陵寝祭祀、孔庙祭祀，规定天下臣民冬至均可祭始祖，废除宗子祭祖的特权。嘉靖的这些礼制变革都增入《明集礼》中，扩展为53卷，此为流传下来的今本《明集礼》。隆庆之后到明末，虽然帝王对嘉靖礼制有所厘正，但总体仍是沿袭嘉靖礼制。明代礼典还有成于弘治十五年的180卷《大明会典》，万历时重修，扩大到228卷。《大明会典》资料来源是《明集礼》《礼仪定式》《皇明祖训》《大诰》《大明律》《孝慈录》等书，以官署职掌分类，其中“礼部”75卷，按“京师”和“南京礼部”两地分别编写，记载了诸种礼仪的具体行用规范，实际便是一部礼典。

清是满族建立的国家。1616年，建州女真努尔哈赤建后金汗

图6　西岳华山明洪武三年《昭示岳镇海渎碑》

国，年号为天命。1626年，清太祖去世，太宗皇太极继位，次年改元天聪，1636年改崇德元年，并改国号为清。皇太极去世，顺治继位，次年入关，很快建立起疆域辽阔的全国性的政权。

天命、天聪时期行用的是带有浓厚满族色彩的汗国礼仪，与汉式礼仪区别极大，两朝礼仪原有会典，以满文记载，但散佚不少。记载太祖、太宗的满文老档保存了一些两朝会典的内容。现存最早专载清朝典章制度之书是康熙时修成的《大清会典》，其中也保存一些两朝礼制情况。崇德改元，皇太极开始了清朝的礼制建设，对原来的礼仪如军礼、祭天、堂子、即位、庆贺、服饰、仪仗等进行改革或完善，创建的礼仪涉及封爵、王国礼、册封礼、迎诏仪、祭太庙、祭孔庙、朝见、庆贺、进实录仪、相见仪、回避仪、仪从、舆服、婚礼、丧礼及藩国礼等，帝国礼制大致形成。顺治入关后，大清从一个地方政权成为全国性的统治政权，而且统治着比满族多得多的汉族百姓，因此清政府大多直接采用明末礼制，以便统治民庶，稳定政局。

康熙时对礼制也有所改易，但清朝最重要的礼典是乾隆时修成的《大清通礼》。实际上，《大清通礼》吸收了不少《明集礼》及永乐之后新出的一些礼仪，但改变了《明集礼》吉、嘉、宾、军、凶五礼顺序，调整为吉、嘉、军、宾、凶，又新增杂神之祭，如炮神、黑龙潭龙神祠、玉泉山龙神祠、窑神、门神之类，还增加传心殿、贤良祠、昭忠祠、京营训练、直省阅兵等祀典。某些礼仪做了调整，如合朔伐鼓归为军礼，将官员相见礼仪归入宾礼等等。总之，《大清通礼》不仅吸收洪武以来礼仪并做了整合，新增了相应礼仪，使得清朝礼制体系更为切合清代实际，从内容看也更加丰富一些。当然，作为最后一个封建专制王朝，礼制的封建专制本质没变，体现贵贱等级的思想也没变，甚至还有所强化，如冠服制度上强行推行薙发，在跪拜礼上，明代以拜为主，清则以头至地的叩为主，还将入关初见皇帝的五拜三叩改为三跪九叩，各级贵族、官员到民庶之礼的等级差异也更加具体。如住房，规定庶民房屋一排不能超过五间，但担任官职者可有七间，皇室贵族或公侯可达九间；进门台阶也有等差，庶民不能超过五阶，官七阶，帝王可达十一阶或以上。

康熙《大清会典》分门别类记载各官署的具体制度与措施，其中礼部罗列了大量礼制资料，也可视为清代礼典。需要补充的是，除通行的《大清通礼》外，清政府还特意制订了《钦定满洲祭神祭天典礼》，完全采纳满族式的礼仪。

辛亥革命推倒了清政府，伴随着专制政体的礼制就失去依赖的政治土壤，同时随着西方民主、自由等思想的传入，一些先进的知识分子大力批判专制体制以及与其伴生的礼制，尽管矫枉过正，还带西化倾向，然其批判专制集权的正当性无可非议。换句话说，中国社会已经向现代迈进，为封建专制集权政权服务的中华传统礼制已经与社会变迁不相吻合，故而中华传统礼制需要及时进行现代性转换，以适应社会的进步。

正因为此，中华民国临时政府建立伊始便开始革除亡清礼制，采用一些新的礼仪。1912年1月1日，临时政府内务部发出告示，规定“国民服制，除满清官服应行禁止穿戴外，一切便服悉暂照旧”。3月29日，南京临时政府答复湖北祭文庙请求，称“民国通礼，现在尚未颁行。在未颁以前，文庙应暂时照旧致祭，惟除去拜跪之礼，改行三鞠躬，祭服则用便服。其余前清祭典所载，凡涉于迷信者应行废止”。在另一个文件中规定，“孔子、关帝、先农坛、岳武穆、周濂溪、贺文忠公诸祠庙有关政教节义者，照旧奉祀，礼节俟由中央规定。其余各祠庙均应停止，以节糜费”。也就是说，祭祀标准是“政教节义”，这就把大多数封建迷信的祭祀对象排除了。

1912年4月初，政府机构迁至北京，袁世凯窃取了大权，北洋军阀统治时期由此开启。根据《临时约法》第30条规定，北京临时政府8月17日公布了《中华民国礼制》，10月3日公布了《服制》。其实这两份礼典内容虽包括公私礼仪，但都非常简略。其实，袁世凯并不热衷于这两份礼典，而是加快制订适合自己政治需要的礼制。1914年2月，内务部下令设立礼制编订会，7月1日更名为礼制馆，开始制订所谓的“新式”礼仪。这年5月，北京临时政府公布《中华民国约法》，废除了《临时约法》，成为袁世凯帝制复辟的前奏。礼制馆配合袁氏复辟闹剧，先后炮制出《祀天通礼》《祭暂行祀冠服制》《祭祀冠服图》《祀孔典礼》等等，如《暂行祭祀冠服制》规定了仿明制的冠服式样，9月28日袁氏正是穿戴这套不今不古的冠冕服饰率领百官祭孔，12月23日又到天坛祭天。显然袁氏政府颁布的官方礼典是为袁世凯复辟服务的，是亡清集权礼制的延续。袁世凯死后，北洋政府的制礼机构没有制订出适应现代社会的礼典。

1928年6月，北洋政府垮台，南京国民政府随即制订《中华民国礼制》，开始了制礼过程。其中《丧礼（草案）》要求废除旧丧礼中的繁琐礼节和迷信风俗，规定丧服为白衣白冠，倡导抛弃繁文缛节，实行简约丧葬。南京政府丧葬虽有变革，但仍存在许多不足。1929年孙中山奉安大典极其典型。有学者指出，奉安大典“杠夫最多只用108人，而非帝制时代最高规格的128人，以显示孙中山和国民党人告别皇权的态度”。实际上，以人数略少说明告别皇权是站不住脚的，用如此众多的杠夫只能说明奉安大典仍有贵贱等级的观念。可见，封建专制政体虽已退出历史舞台，然而封建专制礼制的尊卑贵贱、等级观念是不容易清除干净的。

1929年，南京政府设置了制礼机构礼制编定委员会，虽然陆续颁布过一些规章制度，但一直没有制订出完整的礼制。当然也做过一些规范，例如对民间流行着的各种神祠祭祀进行规范。1930年，国民党中央执行委员会特转发国民政府内政部通过的《神祠存废标准》，明确废除含有迷信、惑众的淫祠，强调“以现代之潮流考之，均无存在之价值”，而对有功于民族的先哲和宗旨纯正、受人民信仰的宗教加以保留。但南京政府礼制改革步伐极为缓慢，成效甚少。直到1943年11月，国民党政府委派戴季陶主持，在重庆北碚温泉召集一批官员、专家进行礼制讨论会，即“北泉议礼”，制订出《中华民国礼制》。此后，南京政府继续制礼工作，到1946年完成《中华民国通礼（草案）》。需要指出的是，无论是《中华民国礼制》还是《中华民国通礼（草案）》，虽然抛弃了传统礼制的一些礼仪名目，增加了不少新礼仪，但

《中华民国礼制总纲》明确声称"《周礼·大司徒》以五礼防万民之伪，而教之中。五礼者，吉、凶、军、宾、嘉是也"，也就是说仍以《周礼》五礼为框架，显得非常保守，实际贯彻了戴季陶的保守思想。例如中国国家图书馆现存一部《礼制草案》稿本，当是礼乐馆在讨论时最初形成的一份文件，很可能是由内政部等行政部门提出的方案。但戴季陶编定的《中华民国礼制总纲》删去了"礼制不得与法律抵触""礼制须具因时制宜之精神，不得与时代相违背"等内容，显然是一个大倒退。可见，南京政府虽然颁布了《中华民国通礼（草案）》，但实际上没有完成中华传统礼制的现代性转换。

三 私修礼书

古代中国制礼活动源远流长，自秦以后，主要是由国家的专门制礼机构负责，编制的主要内容是以皇帝为核心的贵族礼制，极少涉及下层官员和民庶。对庶民的礼仪教育，一般通过地方官员或基层乡里组织进行。

在古代中国，士大夫私自撰写的礼书也不少见。这些礼书既有对儒家礼学经典的注疏、答问，供其他人参阅；也有部分著述是对朝廷某些礼仪进行梳理与编排，供帝王或政府相关部门参考。当然，一旦私家礼书被政府采纳，那么它就转化为官方礼典了。另外还有一部分专为下层士大夫或庶民编写的礼书，这就是书仪、家礼之类通俗礼书。按周一良《书仪源流考》的说法：吉凶书仪的流行始于南北朝时期。姜伯勤进一步指出南朝是书仪形式成长中一个重要时期。周、姜两先生的观点，学界一般视为定论。其实，书仪不仅涉及吉凶两礼，而且还有嘉礼（如婚、冠）和日常交往（涉及宾礼）的礼仪内容，有些还按月记载相关礼仪事项。《四库全书总目》认为："《书仪》者，古私家仪注之通名。"此语存在问题。因为私家仪注包括士大夫自行编写的对某些礼仪的注释、答问等，不仅仅是书仪一类主要讲具体礼仪的礼书。如《隋书》中列有皇侃《丧服问答目》、徐广《礼答问》、何佟之《礼杂问答钞》、任预《答问杂仪》等私家仪注，这都不是书仪所能涵摄的。况且，这类私家礼书数量远远超过书仪、家礼类礼书。因此，把书仪与私家仪注比类是不确切的。

限于篇幅，下面主要介绍与庶民密切相关的书仪和家礼。

首先书仪著作早于家礼著作。书仪的出现有其社会、历史的条件。其实，无论哪个朝代编纂的礼典多么完善，涉及民庶的礼内容都不多，需要补足有关庶民的某些礼仪。其次，国家礼典以帝王及上层贵族为核心，编制内容极其复杂繁琐，即使涉及少量普通士大夫或民庶行用的礼仪，也是诸多环节，一般普通士大夫和民庶很难依照行用。再次，官修礼典下发地方官署，一般到州级，很少到县级官署。即使发到县衙，宋代之后散居现象日益广泛，地方官署对属地的礼仪教育不太可能完全覆盖，而民间行用的礼仪或与国家礼制规范会格格不入。例如，唐朝在敦煌设置各级官署，对百姓实行比较有效的控制与教化。高国藩《敦煌民俗学》一书指出：在敦煌孔子思想占绝对优势，而民间礼俗有相当内容与国家礼典相抵触，如民间婚礼中仅见合卺、拜公婆等少量礼仪与国家礼典相合，而绝大多数礼节根本未见历朝礼典所载；还有，国家礼制严禁野葬、火葬，而在敦煌却普遍存在，显然这是违反国家礼典与相关法律的。敦煌如此，其他偏僻山区、散居民庶更不可能完全遵循国家礼典的规范行用礼仪。因此，有必要通过礼教来规范民庶的礼仪，通俗性的私家礼书则是最好的教材。最后，清议对私家礼书的出现有推波助澜的作用。自东汉末年起，士大夫重清议、重名节。到东晋时形成了门阀制统治的局面，士大夫不但讲究出身，还非常讲究门当户对的婚姻。南朝后高门士族虽然逐渐衰落，但士大夫们害怕清议，因为一旦出现不良评价，对士人婚宦前程有重要的影响，因此《颜氏家训》有这样的说法："一玷清议，沉废终身。"故南朝士人遵循礼制、强调孝道、注重道德、注意避嫌也就在情理之中。然而国家颁布的礼典动辄数十百卷，而且一般士人难以寓目，由此而言，要准确遵循礼制实际仍存在一定困难，因而需要一种以简洁易行的礼书来传承礼仪内容，以指导他们的日常礼仪生活，书仪类礼书应运而生了。需要强调的是，国家礼典中的礼仪是帝王及上层贵族所行用的礼仪，很少涉及下层官员与庶民，因而民间实际行用的礼俗在历代都存在，不可能完全消亡。[1]也就是说，礼制的双轨制在古代中国是一直存在的。举个非常典型的例子：北宋韩琦《韩氏

---

1 刘永华《礼仪下乡——明代以降闽西四保的礼仪变革与社会转型》一书介绍了闽西明至近代的民间礼俗，可参见。生活·读书·新知三联书店，2019年。

参用古今家祭式序》指出："自唐末至于五代，兵革相仍，礼乐废缺，故公卿大夫之家，岁时祠飨，皆因循便俗，不能少近古制。"公卿大夫岁时祠飨尚"因循便俗"，那么普通民庶更是行用礼俗了吧。

两晋时期出现一类有关礼仪答问、杂议的礼书，见于《隋书·经籍志》的"礼"类记载有徐广《礼答问》，庾蔚之《礼答问》，王俭《礼答问》，吴商的《杂议》《礼议杂记故事》和《丧杂事》，范宁《礼杂问》，何佟之《礼答问》和《礼杂问答钞》，董勋《问礼俗》，董子弘《问礼俗》，任预《答问杂仪》，佚名有《礼答问》《礼杂问》《礼杂答问》《礼杂答问》，等等，这些著作一般不超过10卷，有些仅二三卷的篇幅。从"答问""杂问"来观察，可能大多便是比较通俗的有关礼制内容的问答著作，与汉魏动辄用"义疏""大义""章句""解"之类注疏著作有极大差异。尤其是"故事""杂事""杂仪""礼俗""礼杂"之类，显然是指比较接近下层士大夫或民众日常生活的礼仪解答。

书仪始自南朝，它主要涉及日常生活的礼仪，通俗、条理、简易是其共同的特点。书仪出现当与上述两晋那些礼仪答问、杂议类礼书有一定关系。《旧唐书·经籍志》有"仪注"类，所载著作便有不少南北朝时期的书仪，篇幅一般在10卷以下，如蔡超《书仪》，徐爰《家仪》，谢元《内外书仪》，谢允《书仪》，谢朏《书笔仪》，王俭《吊答仪》(亦称《吊答书仪》)和《吉书仪》(亦称《吉仪》)，王弘《书仪》，周舍《书仪疏》，李穆叔《赵李家仪》，唐瑾《书仪》《严植之仪》，还有专门书仪，如唐瑾

《妇人书仪》、释昙瑗《僧家书仪》、佚名《言语仪》等。《新唐书·艺文志》还略有补充。遗憾的是，这两类著作都没有传承下来，无法窥见其详细内容。

入唐后，在一些士大夫吸收了南朝以来的家训、旧仪的基础上，私家礼学著作有了较大发展。在书仪方面，出现了卢藏用《书仪》、杜友晋《吉凶书仪》、郑馀庆《大唐新定吉凶书仪》、张敖《新集吉凶书仪》等，这类书仪广泛流行，规范着世家大族和中下层士大夫以及民庶的日常礼仪行为。周一良和赵和平在《敦煌写本书仪略论》中把书仪分为两大类，一类是朋友书仪，他们对敦煌出土的文献仔细地研究后，把P.2505、P.2679、P.3466、P.3420、P.3375、P.4989和S.5472、S.5660、S.6180、S.6242、S.361背、贞松堂本等卷子做了整理，合并定名为《朋友书仪》，是目前了解朋友书仪内容的重要著述。另一类是综合书仪，或称吉凶书仪。周、赵两位整理出15种，分别是武则天时期的书仪（P.3900）、唐前期书仪（P.3681）、杜友晋《吉凶书仪》《书仪镜》和《新定书仪镜》、忻州刺史文仪集（P.5550）、开元之前两种书仪（P.4024、S.1725）、吐蕃占领敦煌时期的书仪（S.1438）、郑馀庆《大唐新定吉凶书仪一部并序》（S.6537）、张敖《新集吉凶书仪》卷上（P.2646等8种写本）、张敖《新集吉凶书仪》卷下（P.2622等4种写本）、张敖《新集诸家九族尊卑书仪》（P.3502背）、晚唐书仪（P.4050与S.5613拼合）、五代佚名《新集书仪》（P.3691等10余种写本）。

其实据两《唐书》及《宋史》记载，唐五代相关私家礼书还有一些，如裴茝《书仪》、孟诜《家祭礼》、徐闰（一说润）《家祭仪》、郑正则《郑氏祠享礼》和《家祭仪》、贾顼《家荐仪》、卢弘宣《家祭仪》、李商隐《家范》、卢僎《家范》、周元阳《祭录》、徐畅《祭记》、刘岳《吉凶书仪》。另外，朱熹《跋〈古今家祭礼〉》提及不详名讳的荀氏之书。还可补入陈振孙《直斋书录解题》卷六《仪注类》所载唐人许洞《训俗书》、范传式《范氏寝堂时飨礼》数种，这些私家礼书有不少是朱熹编写《家礼》时的参考书。

宋代私家礼书也颇多。《宋史·艺文志三》记载司马光《家范》《书仪》《涑水祭仪》和《居家杂议》，范祖禹《祭仪》，吕大防、吕大临《家祭仪》，张载《横渠张氏祭仪》，吕大临《蓝田吕氏祭说》，程颐《伊川程氏祭仪》，赵希苍《赵氏祭录》和《四家礼范》，朱熹《家礼》，李宗思《礼范》，韩挺《服制》，高闶《送终礼》，周端朝《冠婚丧祭礼》，孟诜《家祭仪》，周元阳《祭录》，朱熹集唐宋《二十家古今祭礼》等。陈振孙《直斋书录解题》卷六《仪注类》载宋代孙日用（一说日周）《孙氏仲享仪》、杜衍《杜氏四时祭享礼》、韩琦《韩氏古今家祭式》、高闶《高氏送终礼》，以及张栻与朱熹所集司马、程、张、吕氏《四家礼范》和佚名《新定寝祀礼》。

现存较为完整的唐宋私家礼书只有司马光《书仪》、吕大钧《蓝田吕氏乡仪》、朱熹《家礼》等少数几家，而韩琦《韩氏参用古今家祭式》则存序文，另外便是赵和平先生整理的敦煌书仪，其他大多只存书名或其他书中残存的只字片语。

私家礼书注重通俗、易懂和实用，避免了官修礼典的繁文缛节，其主要内容是关于婚冠丧祭，也有部分居家杂仪、接待宾客、书信格式之类内容。比如说，按国家礼典规定，婚礼有所谓纳采、问名、纳吉、纳成、请期、亲迎等“六礼”，实际包括自纳采、问名、纳吉、纳成、请期、亲迎、同牢、庙见、见舅姑、醴妇、盥馈、飨妇、舅飨送者和姑飨妇人送者14项仪节，而影响颇大的朱熹《家礼》仅有纳采、纳币、亲迎“三礼”，仅保留议婚、纳采、纳币、亲迎、妇见舅姑、庙见、婿见妇之父母等7项仪节，还明确称可以“从俗”。国家礼典对祭祀祖先有各种规定，朱熹《家礼》则强调量力而行，“贫富随宜”，可见其从俗行用的态度。这种涉及千家万户日常生活、强调从俗行用的私家礼书，即使缺少文化知识的下层庶民百姓，稍加解释也可理解并加以接受。因此，私家礼书在将礼仪向广大民庶传播上做出了贡献，普及了日常礼仪，使这些礼仪深深植入民庶之中。

需要强调的是，唐宋是礼仪下移的时期，这些私家礼书并不是要违背国家礼仪规范，恰恰相反，它们对国家礼制坚决维护，只是根据社会现实做了某些可以让步的简化权变，以争取广大民庶行用相关礼仪。其实，这些私家礼书作为封建专制时代的产物，难免保留着封建专制体系下的皇权至上、尊卑贵贱观念的烙印。如祭天祭山川是帝王的特权，是不允许其他人染指的，宋代蓝田吕氏曾指出：“士大夫止当祭五祀耳。山川百神，皆国家所行，不可得而祀。近世流俗妄行祭祷，黩慢莫甚，岂有受福之理哉。”其维护皇权至上的态度一目了然。至于严格尊卑等级，也是唐宋私家礼书用心之处，如张敖《新集诸家九族尊卑书仪》书名便有尊卑两字，杜友晋《吉凶书仪》也将四海亲友分为极尊、次尊、稍尊、平、卑等几个等级。有学者提出，郑馀庆《大唐新定吉凶书仪一部并序》在讲文书中有“平阙式”“不阙式”，“平”即遇到特定字要平出，“阙”即特定字要上空一至两字；“不阙”则是指特定情况下不必空阙。即使在写家信中，对不同长辈也需要用平阙式。可见，这些书仪仍是集权礼制体制下的产物。

元明清私家礼书的编撰，其主要部分沿袭朱熹《家礼》。朱熹虽在庆元党禁期间受到打击，但韩侂胄死后不久，朝廷就为朱熹正名，嘉定二年宋廷便赐其谥为“文”，后又追赠信国公，入孔庙陪祀。朱熹学识广博、成就非凡，且为人正派，学生众多，故朱熹虽死，其著作仍广为流行。南宋末年，朱熹《家礼》广泛行用在民间。元代不重视汉式礼仪，但也不阻止汉人行用汉礼，因此元朝民间采用朱熹《家礼》并不罕见。而明朝以更革“胡礼”为务，复汉礼，影响颇大的朱熹《家礼》自然会受明朝皇帝青睐的。如洪武二年纂修《明集礼》，品官丧礼规定“本之周经，稽诸唐典，而又参以《朱子家礼》”；而祭祖礼也是仿朱熹祠堂之制，规定四时祭祀，也允许俗节荐享，神主以西为上，这些都与《家礼》相同；在“士庶冠礼”一目中，更是明确规定以朱熹《家礼》为准，先加冠巾，再加帽子，三加襆头。到永乐时编纂《性理大全》，收录了朱熹《家礼》。自汉代以来，重经轻书，而朱熹则强调四书为先，明政府编纂《四书五经大全》以“四书五经”为序，明显看出受朱熹观点的影响。《性理大全》和《四书五经大全》都刊布天下，原来是一家之说的朱熹《家礼》，转变为“官修”的国家礼典，成为影响明清两代的家礼的权威文本。也正由于此，明清两代私家礼书受到朱熹《家礼》的影响是巨大的。

当然，官方将朱熹《家礼》列入礼典，对普通民庶不具有影响力，因为普通民庶根本看不到国家礼典及相关典籍，而真正把朱熹《家礼》广泛推向民间的是士大夫们。有学者指出，明清两代各种私家礼书以朱熹《家礼》为核心，出现了对《家礼》的注释本、节编本、综合改编本、补编本、图文本。还有学者统计，明代这些私修家礼书主要分布在浙江、广东、福建、安徽、江西、河南等地，已知书目者约130种，现存完书者近30种。这些都是士大夫们撰写的，正由于他们的推广，朱熹《家礼》在民间产生了巨大影响。清代与明代一样，私家礼书极多，也大致依朱熹《家礼》为旨归。何淑宜曾列举清代出版的家礼与丧葬类礼书23种，王锷《三礼研究论著提要》“杂礼”列举清代家礼17种，二者重复的4种，实计共为36种家礼书。其实这当是清代流行的家礼中的一部分，并非全部。吴恩荣统计过清代湖南地区的家礼书，制作过《清代湖南的家礼书一览表》[1]，列有34种，仅2种出现在何、王两位的论著中。而且此表还没有计入在湖南流行的朱熹《家礼》、郑泳《家仪》、宋缥《四礼初稿》、吕维祺《四礼约言》等书，也就是说，清代湖南刊行、流通的家礼书远不止表中所列之

1 汤勤福总主编，赵克生主编:《中华传统礼制变迁史（元明清近代编）》，第412—413页。

数。由此表可见，清代私家礼书盛行的情况。这还不算在明清家谱、族谱中的许多家训、族规、乡约中涉及的礼仪的内容。据吴恩荣推算，清代各地家礼书约300—400种，而这些仅仅为汉人家礼书，并不包括满文家礼书籍以及前朝的家礼书籍。

由此可见，滥觞晋南北朝的私家礼书，到隋唐礼制下移后有了相当发展，到明清时发展到鼎盛时期。这些私家礼书对传播礼仪、培养民庶礼仪习惯、养成其道德起到到积极作用。当然，私家礼书中也不乏封建专制主义的糟粕和封建迷信的污垢，这是需要清除的。其实，社会的变迁、历史的进步总是伴随着大量落后于时代的内容、落后于时代的形式被淘汰，被淘汰正显示了历史的正当性和进步性。当今社会完全可以借鉴这些私家礼书中的有益内容，彻底清除其专制色彩，摈弃其贵贱等级，清除封建迷信等违背现代道德准则的毒素，那么这些私家礼书对培养民众良好的礼仪习惯、提升民众道德水准、建立和谐的社会关系和人伦关系是大有助益的。

第六章
凤凰涅槃

《尚书·仲虺之诰》:“克宽克仁，彰信兆民。”

《礼记正义序》:“礼者，理也。其用以治，则与天地俱兴。”

《左传》:“礼，经国家，定社稷，序民人，利后嗣者也。”

《左传》:“名以出信，信以守器，器以藏礼，礼以行义，义以生利，利以平民，政之大节也。”

一　尴尬的现实

中国是个历史悠久的文明古国，历来有礼义之邦的美誉。中华传统礼制蕴含的中华先民之生命经验和生活智慧，具有浓厚的人文精神，强调道德因素，体现人的价值，主张各种关系的和谐。王启发在《礼学思想体系探源》中提出：文明社会首先应该是道德化的社会，礼即道德，因此要求人们在社会生活中相互尊重，相互爱护，相互帮助，互利互惠而形成和谐社会。应该强调的是：中华礼仪的精华至今传递不息，如子女孝顺之行、邻里关爱之情、敬业奉献之心、慈善大爱之举等传统美德懿行常能听闻。

然而无须讳言，当今社会，礼义之邦正遭遇着道德拷问，礼仪缺失、道德失范也是不争之事实，在某些地方、某些方面还表现得甚为典型，礼义之邦正在遭遇的礼仪缺失的尴尬。彭林《工业文明与传统礼乐：物质与精神的平衡发展》指出："十年之久的'文革'之乱，最严重的后果之一是造成了公民素质的严重下降。这个问题是谁都意识到了的，我们不管走到哪里，都可以听到对国民素质低下的抱怨，问题是如何来解决。我们认为，提倡礼乐文化，有助于提高公民的素质。"彭先生讲的公民素质下降其实便是公民礼仪道德的缺位。

礼仪缺失、道德失范表现多种多样。在亲情伦理上，有父母失慈而遗弃骨肉之恶行，有争遗产的兄弟姐妹对簿公堂、反目成仇之案件，有啃老不孝乃至虐待长辈的禽兽之行。在人际关系上，邻里关系疏远，"鸡犬之声相闻，民至老死不相往来"似成事实。至于邻里私占楼道、争抢车位、噪声扰民、宠物惹事、通风排水、乱扔垃圾等司空见惯，邻里矛盾恶化导致恶性案件也屡见报道。在公共场所，我行我素、罔顾他人之类不文明、不礼貌的现象比较严重。例如随意采摘花园花卉、爬到文物上拍照、将"到此一游"刻上国内外景点等。至于公交争座、恶言相向，甚至在国内外航班上拳脚相击，影响极其恶劣。职业道德上也严重滑坡，重利轻义，出现诚信危机。商业欺诈、虚假广告、内幕交易、行贿受贿、滥用职权、学术造假等职业道德沦丧之事亦非鲜见。被惩处的巨贪数额在数亿元以上者比比皆是，甚至有些部门公职人员狼狈为奸，出现“前腐后继”的塌方式腐败。或许有人自认为做得天衣无缝，不会有人知道。其实在信息时代，人们获取信息的渠道宽广，几无秘密可言，一切掩耳盗铃的做法只是自欺欺人而已。又如为谋取个人私利而公然违宪违法，不顾食品安全而牟取暴利，为攫取非法利益铤而走险，乃至丧失人性，冲击着做人的底线，贩卖妇女、拐骗幼童、售卖器官之事也层出不穷、常见报道。在家庭教育上，礼仪教育缺位已是不争之事实。由于家长溺爱，出现一批任性骄霸、自私自利、缺少合众精神、缺乏礼仪修养的“小皇帝”“小公主”，在学校中他们无视师长、欺凌弱小。如果孤立地看某些事件，自然可以归为个人道德修养问题，但整体、综合考虑，深加究求，应当看到礼仪缺失只是一种社会现象，其本质则是国民道德的整体下降，是长期礼仪教育缺位、法制教育不力之结果，说到底便是在礼仪教育制度上还存在某些问题或缺陷，应当予以弥补和解决。应该指出的是，上述各种越礼违法现象目前似有常态化、漫延化的趋势，这不是健康社会所应该容忍的，对此不能麻木不仁、任其泛滥。礼仪缺失、道德失范归纳起来无非是社会公德和个人私德两大方面，尽管这些道德失范事件远非社会的主流，但不良影响绝不可也不能低估，应当引起全社会的关注。

中华传统礼制是中国传统文化重要的组成部分，它所体现的伦理道德早已融入古国先人的日常生活之中，形塑出古代中国礼义之邦的形象。然而中华传统礼制毕竟是成长在古代中国农业文明的土壤之上，与近代工业文明格格不入。因此，随着西方文明的传入与大清覆亡，中华传统礼制遭到前所未有的挑战。尤其“五四”后对中华传统礼制的不甚准确和公正的批判，乃至不理性地称之为“吃人”之礼[1]；十年内乱中，古代中国文化遭受残暴蹂躏，中华传统彻底受到破坏，文攻武卫视人命如草芥，中华文明古国似成一片蛮荒之地。无须讳言，长期以来中华传统礼制受到非理性的批判、非正常的冲击，搅乱了国人们的思想，传统礼仪犹如弃履，故而礼仪失范、社会伦理道德水准下降在所难免，由此导致歪风邪气横行，礼义之邦遭遇礼仪缺失的窘况。尽管近年来已有所改观，但不遵礼仪规范之事时有听闻，社会各界逐渐正视这一境况，有识之士痛心疾首，广大民众翘首盼望礼义之邦的回归。因此，重构新时期的礼制体系有着现实的需求，重振礼义之邦成为国民共识。经过学界认真研讨，比较清晰地认识到中华传统礼制所具有浓厚的人文精神，注重个人道德修养，强调社会公德建设，促进社会和谐稳定，在古代中国曾发挥显著的历史作用。同时，中华传统礼制在规范政治运作、经济生产、民族关系、环境保护，乃至人际（国际）关系上有着不可替代的历史价值，是中华文明宝库中不可多得的精华内容，至今仍有很高的借

1　彭林《礼乐人生：成就你的君子风范》批判了吴虞提出的“吃人”之礼问题，中华书局，2006年，第35页。

鉴价值。

孔子称“不学礼，无以立”，礼仪确实规范着中国人的生活方式乃至生产方式。中华先民孜孜不倦地追求，在礼仪中积淀而成的精神价值，这就是礼义。讲究礼仪、讲求礼义，是自古以来国人的追求。封建专制政体早已崩溃，中华传统礼制讲究的许多繁琐的礼仪形式已经过时，应该退出历史舞台，但是作为讲求精神追求的礼义却没有随之覆灭，它以各种形式依旧存活在国人的日常生活和行为规范之中，维系着中华文明传承的一丝曙光。尽管当下社会生活日趋丰富，价值取向更加多元，从远古走来的传统礼仪及其礼义也在发生深刻变化，但中国人在日常生活中对礼义的精神追求却从未停息，也不会停息。

或许有人认为，中华传统礼制是基于贵贱等级制度之上，与“乾纲独揽”的封建专制体制扭结纠缠，是帝王控制庶民百姓的专政工具，因此糟粕多于精华。此言虽有一定道理，但需要知道的是，我们无法选择或割裂传统，中华传统礼制所具有的许多糟粕，可以采取辩证思维和理性态度来加以对待，深入礼制、礼仪所内蕴的精神与理念去探明其有无现代价值，进而决定取舍。

在我们看来，中华传统礼制所涵摄的“随时而变”的礼义的核心要素没有过时，也不会过时。这一核心要素强调随时代变迁而追求社会和谐和国家进步的信念，发挥礼对人心的凝聚功用，提升国民道德、建设社会公德的积极作用。众所周知，传统儒家的治国理政之道向以“仁政”“礼制”为其核心要素，《礼记·礼运》称“圣人以礼示之，故天下国家可得而正也”，《左传》也载

“名以出信，信以守器，器以藏礼，礼以行义，义以生利，利以平民，政之大节也”。由此可见，传统儒家的治国理政之道便是“仁政”“礼制”四字，可以归纳为“仁体礼用”四字。

仁、礼都是儒家积极倡导的核心概念。仁的原初含义是指人与人之间的亲善关系。《尚书・仲虺之诰》有“克宽克仁，彰信兆民”，是指统治者要对民众宽惠，要展现自己的诚信；《诗经・叔于田》“洵美且仁”是指民众赞美叔之美德；《左传》“体仁足以长人，嘉会足以合礼”，则强调仁者爱人，施仁政可以发展人的才能。这就是儒家理想中的仁政。在儒家理念中，仁政就是德治主义，用以聚民安国，以孔子的话说就是“为政以德，譬如北辰，居其所而众星共之”，“道之以德，齐之以礼，有耻且格”。即在仁政中，德与礼相互为用，不可分割。

仁政追求“内圣外王”的境界。内圣是要求统治者处处遵循礼制，以礼治国，君王的道德修养要达到似圣如贤的境界，或称圣贤气象；外王则是施行仁义、实现王道，而不是挥舞干戚，争霸天下。而且达到“外王”的唯一基础就是“内圣”，内圣的核心就是“仁者爱人”，舍此无他。按照《大学》所说，“自天子至于庶人，壹是皆以修身为本”，对“天子”而言，衡量道德高低乃是治国理政的一个重要标杆，就是是否合于礼。因此首先要求国君具有高尚道德，宋儒常以“正君心”言之。其次是以民为本，施惠百姓。使民以时就是不折腾，让百姓有更多时间进行生产活动。再次是实施宽厚待民措施。在孔子看来，仁政具有五项特质，“恭则不侮，宽则得众，信则人任焉，敏则有功，惠则足以使人”，因此“能行五者与天下，为仁矣”。五者指庄重、宽容、诚信、勤勉及惠人。这些准则是儒家施政的绝对理念，自古至今同源一体，不可改变。因此，孔子有“苛政猛于虎”之说，孟子主张民贵君轻，强调梁惠王应当“施仁政于民，省刑罚，薄税敛”，可见他们都反对苛政，主张合理税负，反对刻薄百姓。对那些专制暴君，则称之独夫国贼，并提出“诛独夫”之说。儒家先贤强调以礼治国的重要性，要求国家典章制度、朝廷礼乐设置、社会礼俗、民间风尚、家庭伦理、个人行为规范都应当遵礼行礼，如此造就理想与和谐的小康社会。《礼记·礼运》强调“父慈、子孝，兄良、弟悌，夫义、妇听，长惠、幼顺，君仁、臣忠”，是一种对君臣父子等都有约束力的权利与义务关系，其原初含义是君要像个君，臣要像个臣；父要像个父，子要像个子。各安其位，各行其责。所以，原生儒家的君权、父权中推不出后世封建专制政体的君君臣臣“三纲五常”中绝对专制的理念来。恰恰相反，原生儒家的观念是“圣道”高于君命，儒士为王者师，信仰高于权位，所以孟子有“民为贵，社稷次之，君为轻”之类的民本思想，荀子《子道》有“从道不从君，从义不从父，人之大行”的道德原则。可见，当时的礼制尽管是为统治阶级服务的，但它同时也规范和限制着君王、贵族、各级官员乃至士大夫们的行为，不允许违礼愈制，禁绝违法施政，这当然对国家、对百姓都是有利的。在古代中国，随意违反和任意变更国家规定的制度，即使是国君，大臣们也会上奏章提出批评的，以防止引起不良影响乃至发生民变国乱。翻查历代史籍，暴君贪君淫君并不罕见，大多在王朝之末期，亡国之君和权臣贵戚挥霍奢侈、贪恋女色、醉生梦死、倒行逆施、破坏典章制度是其共同特点。夏桀残暴，终于放逐；商纣酒池肉林，国灭身亡；周幽败坏烽火之制，终遭犬戎羞辱；秦二世与赵高相互利用，禁绝异议、指鹿为马，且赋敛越重、戍徭无已，戍卒被迫揭竿而起；汉灵帝姑息十常侍，结帮祸国，辜榷财利，侵掠百姓，最终引起民变；北齐高纬任用奸臣，诛杀宗室，淫乱兽行，朝政紊乱，大臣索贿[1]，天怒人怨，政权颠亡；北周宣帝荒淫暴虐，违礼而立五位皇后，故壮年而卒；隋炀帝滥用民力、穷奢极欲，轻开边衅，故民反兵变，死葬异乡……这些违制逾礼的昏庸无道之帝王、贪贿行恶之权臣都是后世警省的教训，值得后人高度警惕。因此，儒家提出的仁政、礼制在古代中国确实具有一定的促进政局清明、缓解矛盾、和谐民族、稳定社会、有利社会经济增长的积极作用。正像余英时《中国思想传统及其现代变迁》中说的那样，“从长远的历史观点看，儒家的最大贡献在为传统的政治、社会秩序提供了一个稳定的精神基础”，此说应当可取。

当今中国社会，经济诚然已有较大发展，上述那些违礼违法现象虽不是社会主流，但需要警惕与重视，纠正其弊，不能熟视无睹、放任自流，更不能助长其势，以防误国害民。在我们看来，“仓廪实而知礼节，衣食足而知荣辱”没有过时，先哲们有关“义利之辨”的生活智慧仍有现实价值，以道德为礼义的中华

1　如魏收奉命撰史，公然向其他大臣索贿，宣称给钱便立美传，故《魏书》有秽史之称。

传统礼制，仍会具有强大生命力。礼义之邦遭遇礼仪缺失的尴尬窘况是可以改变的，也一定会改变的。

中华传统礼制内含修身为本、行己有耻、智德并重、礼让谦和、忠正廉洁、诚心正意、忠恕待人、和而不同等优秀品格，应是衡量任何人的标准。《大学》要求“自天子至于庶人，壹是皆以修身为本”，即包括天子在内的一切人等需要加强道德修养，一切行为都必须合乎礼之要求和规范。这不是一种教条主义的政治说教，而是有实实在在践履内容的个人道德修为，也是成圣成贤的途径。自古以来，在这种学说的引导下，中华先民特别注重个人道德品质的完善、家庭伦理关系的协调、社会人际关系的和谐、国际关系的稳定，是数千年来中华先民践履的经验总结，也是值得继承和发扬的优秀品格。古籍中常有如下记载：“君子不党”“和而不同”的独立人格；“仁以为己任”的道义担当精神；“富贵不能淫，贫贱不能移，威武不能屈”的坚毅意志；“杀身成仁”“舍生取义”的道德勇气；“君子喻于义，小人喻于利”的义利观；“智者不惑，仁者不忧，勇者不惧”的坦荡胸怀；“己欲立而立人，己欲达而达人”，“己所不欲，勿施于人”的忠恕之道；“厚德载物”、博施济众的人生取向；“其身正，不令而行；其身不正，虽令不从”的表率作用；“先天之忧而忧，后天下之乐而乐”的使命感、责任感；“为天下立心，为生民立命，为往圣继绝学，为万世开太平”的求索精神。如果我们真正能够做到这些，礼义之邦就会回归现实，上述那些尴尬窘况就会获得改善。

当然，当今中华传统礼制的延续与发展，不能直接使用古人成规，而是必须在守望与发展民族传统文化的基础上，从多元世界角度出发来调整与其他文明的关系，发展出适合当今社会的新的礼制体系。尤其当今科学技术迅速发展、全球市场经济一体化已成趋势，我们更需要吸收历史的经验教训，认真厘清中华传统礼制的精华与糟粕，既不能削足适履地盲目西化，也不能闭关自守、妄自尊大，这样才能真正融入世界大家庭中去，这对中华民族的长久发展将有百利而无一害，中华民族复兴愿景才能实现！

二 独立而不媚

“五四”以来，中国思想界的主要倾向是将古国融入世界，因而突破和摆脱封建主义牢笼，求新求变、实现现代化是迫切愿景。基于此，西方传入的科学、民主、公民权利、自我意识、法制等新观念成为国人的追求目标，日久渐变，西方这些思想乃至一些礼仪也逐步融入国人日常生活和价值追求之中，至今产生着重大影响。当然，来自西方的这些思想和观念与在中国生存数千年的中华传统礼制产生冲突与矛盾亦在情理之中。有人责怪是西方文化的“入侵”导致国人的礼仪缺失与道德失范，也有人强调当今道德缺失是中国自古而来的专制体制的“本性”导致的，是“娘胎里”带来的。纠结难堪，自怨自艾，甚至有相当一部分人认为只有完全抛弃、彻底脱胎换骨才行。这些观点反映出对中华传统礼制的价值认识不清，对民族文化传承的自信心不足。在我们看来，从学理层面将中华传统礼制蕴含的中华先民之生命经验和生活智慧挖掘出来，将有助于中华传统礼制在世界多元文化交融、冲撞中的华丽转身，才能使中华民族能够真正自立于世界民族之林。

悲观、难堪与纠结都没有必要。历史的事实是：中华传统礼制在其发展过程中，曾受到过许多不同文化的冲击，是在不断吸收与融合其他文化的过程中成长与壮大起来的。中华传统礼制诞生地原在中原地区，它就是在不断吸收周边各族礼制文化的基础上发展成中华一体的礼制，而且在与域外诸国交往中也不停地吸纳他们的文化因素而独立不迁，促进了中华文明的延续与发展，这一历史的事实有目共睹，不容否定。可以说，在相当长的一段时间内，中华文化在与其他文化的碰撞与影响下，能够立足于自身的特质而不放弃，不但没有丧失“本真”，反而日益丰富与发展。

汤因比在《历史研究》中罗列了26种文明的兴衰，虽有所疏漏，但至少给我们一个重要启迪，即世界上确实存在着不同“质”的文明形态（或说文化形态），这些异质文明（文化）之间会产生文化冲突，有时甚至异常激烈，这不仅是历史事实，而且也是历史经验。在我们看来，异质文明（文化）交往之际确实会产生冲突，也会出现一定的对抗，如果能够理解、包容，海纳百川，那么只会使自己更加强盛；反之，如果一味排斥、拒绝乃至“赶尽杀绝”，只会导致激烈冲突而产生灾难性后果。

古代中国就有这样的例证：正确对待异质文明（文化）的输入，吸纳其中有益于中华民族成长的因素，那么中华文明（文化）便会发展；反之，歧视乃至拒绝外来文化，那么不但不利于中华文明（文化）的发展，反而会导致中华文明（文化）的衰落趋势。唐朝与清朝正是一正一反的经验教训。唐太宗对待异族文化的开放政策，吸纳异族文化，使他深受诸族爱戴而被称之“天可汗”，唐代强盛肇基于此。而在清朝，即使是雄才大略的皇帝也往往自以为是天朝上国的主宰，迁怒于西方使节不行跪拜之礼，指责他们不懂礼仪，视他们为“异教徒”，甚至不允许“洋人”“洋教”进入，实行闭关锁国的政策。清朝在拒绝异质文明的同时也把西方一些优秀文化因素拒之国门之外，这本身便是没有自信的表现，他们愚蠢、顽固、守旧，最终导致国家日益衰落而受到列强们坚船利炮的羞辱。因此，中华民族的崛起与复兴，既要正确应对异质文明（文化）对中华文明（文化）的冲击，也要踏实地继承和继续发扬中华文化。中华文化的核心之一便是中华传统礼制，因而，继承与发扬中华传统礼制中对当今社会有很大价值与作用，开展与异质文明的正常交往是当务之急。

中华传统礼制在当今社会的价值与作用应当从当代社会的总体趋向来把握。也就是说，需要正确判断中华传统礼制中哪些是适应当代社会的因素，哪些是可以改换、变异后适应当代社会的因素，而哪些确实是落后于时代而应该淘汰的因素。如果没有这样的判断能力，抱残守缺，良莠不辨，那么就有可能把落后的因素当作先进的因素来继承与发扬，就难免南辕北辙，最终导致中华传统礼制乃至中华文化的衰落。在世界文化的舞台上，应该展现的是中华传统礼制的优秀价值观，展示其内涵与实质，而不是展示那些奇习异俗。中华传统礼制的内涵与实质就是其内在精神——礼义，而不是“进退周旋，威仪抑抑”之礼仪。如前所述，礼义与礼仪是内容与形式的关系，礼义是礼制内在的精神实质，礼仪则是外在的表现形式。在古代中国，礼制是国家法律、社会规范、道德修养准则，它是一种文化软实力，起到了凝聚人心、推进社会发展的重要作用。因此，需要在尊重与吸纳世界诸民族文化的优秀因素的同时，大力阐扬中华古代礼制中内在的礼义，那么中华传统礼制才能对现代社会产生重要影响，在世界文化中保有一席之地。

无须讳言，中华传统礼制在漫长的发展过程中曾是以封建等级制度为其基本准则的，所有的礼仪都在“等级”的约束下践履与展示，因而当今社会必须冲破这一樊篱，打破封建等级制度的约束，在扬弃过程中吸纳其尊重人格平等、展示礼制对个人道德升华的内在价值，发掘它对建设和谐社会秩序和安宁环境的功效，探讨其对世界和平与经济发展的作用。如此，中华传统礼制才会在现代条件下得以涅槃，重新展示古已有之的风采与魅力，使自己在世界多元文化交融中不迷失方向，最终赢得世界各国、各民族对它的认同与尊崇。否则，只会带来意想不到的反面作用。

实际上，当今世界科技日新月异，经济建设快速发展，但同时世界各国、各个民族、各种文化都会遭遇道德的拷问，这是世界经济高度发展下各国必须面对的现实问题。例如化学垃圾的输出、食品安全、环境保护等都与经济建设与发展有密切关系，还

图7　美国纽约孔子像

有网络安全与社会安宁的关系，保持民族特色与世界文化潮流的关系，维护世界和平与国家军力发展关系等，都涉及道德问题。因而，我们不必担心中华传统礼制在当今世界多元文化格局下的交融问题，无须惊惶悲观或自怨自艾，更不可自残民族文化之根！

中华传统礼制之所以有能力应对多元文化的冲击，这与中华传统礼制长期发展逐步形成的最为重要的三大特性密切相关，即道德的实践性、异质的包容性和体系的开放性。

道德的实践性指中华传统礼制在道德层面上具有可操作性，古代称为“践履”，是一种道德修炼。道德修炼的目的是培养君子人格，是一种提高人们道德情操的重要途径。儒家先贤孔孟都强调人格修炼，他们的理想人格就是“君子”，真正的君子才能抵御外来的不良风气的侵扰。孟子认为人区别于动物、人之所以为人的根本特征为“人性”，也就是“仁”的具体表现。古今中外，概莫如是。因此，孔孟等原生儒家所主张的仁爱之说、忠恕之道，无疑在古代具有普适价值的属性。古代如此，现代亦当如此。因而，即使当今有不良外来文化的冲击，也自然能够稳定脚跟，不会随波逐流而丧失自我。

异质包容性指中华传统礼制能够主动吸收异质文化中的合理因素，从而使自身获得提升。中华传统礼制的演化过程中，对外来因素有相当鉴别能力，适合者便吸收，促进自身成长。如北魏前期礼制与汉式礼仪有较大差异，但孝文帝正是起用南朝的王肃、刘芳、崔光等人，才对北魏的礼制进行了大幅修改，对北魏的发展做出了一定的贡献。唐代宫廷乐舞也大量吸纳周边国家与不同地区和民族的精华，从而使施行礼仪时声形更加完美。行香原是佛教的仪节，能显示庄重的气氛，宋代许多祭祀仪式中都采纳这一仪节，沿用至今。此类例证甚多，不遑枚举。中华传统礼制的异质包容性，在当今社会中也一定能够吸纳其他文化中的合理因素而使自己与时俱进。

体系的开放性指中华传统礼制不是一个封闭的、排他的体系，而是一个开放的、宽容的体系。先秦是中华传统礼制的萌芽与草创时期。中华传统礼制从原始的风俗、习俗或说习惯中分化出来，逐渐形成国家层面上的礼仪规范。从《仪礼》分“冠婚丧祭燕射朝聘”等八类，从《礼记・礼器》“经礼三百，曲礼三千”的记载中，可以看出直到战国末年中华传统礼制仍属逐渐完善阶段。先秦诸子思想对中国礼制起到过一定作用，但儒家思想最终成为中华传统礼制主要的思想支撑，孔子所提出的“损益”论，成为后世礼制变迁的理论基石。“五礼”一词虽出现在战国时期，但五礼制度则自秦朝开始萌芽，到西晋才形成国家层面上的五礼体系，成为古代中国成熟的礼制，是封建专制政体的重要基石。

在形成过程中，中原王朝的礼制主要是汉式礼仪的增益与修订。魏晋南北朝时期，少数民族入主中原，在与汉族交往中，少数民族的礼俗也逐渐融入汉式礼仪之中，促进了中华传统礼制的发展，最终到唐代达到鼎盛时期，规模巨大的《大唐开元礼》是其代表，成为后世历代王朝制礼作乐的仿效依据。尽管在这一过程中，中华传统礼制与其他文明有过冲突，但其本质上并非是个封闭的、排他的体系，而是具有开放性特点，在与其他文明的交往中不断地吸纳它们的部分内容，调整自身体系结构，不断进行更新、充实与提升。

概而言之，中华传统礼制所具有的三大特性，使它能够海纳百川，独立而不媚，在世界文明的交融中敞开怀抱，融入更多优秀的文明因素，发展自身，走出一条适应世界多元文化格局的独特之路，保护中华文明紧跟世界潮流而顺利发展，使中国的民族文化能够长久自立于世界民族之林并为世界文明的发展做出贡献。值得强调的是，不同文明互相尊重、互相学习、和谐共处，这样才会使世界文明多姿多彩，才会促进各种文明之间的友谊，共同维护世界和平与推动人类社会进步。闭关锁国、排斥异己、管控封杀，或者将自己的理念、价值观强加于他人都是没有出路的，将自己孤立于世界而粉饰为“独特性”与中华传统礼制发展的轨迹不相吻合。当然，抛弃中华文明，割裂文化传统，全盘西化，意味着浪费了极有价值、最为可贵的民族文化资源，意味着迷失了前进的方向。这两种倾向都应该反对。

三 继往开来

应当强调，积淀深厚的中华传统礼制和礼乐文明是构建当今社会核心价值的丰富资源，但不能照章行事，更不能滥用。中华传统礼制为当代服务必须寻求其更新机制，使其转化为能够为当代服务的宝贵的文化遗产，必须经过“现代性转换”这个重要环节。科学的态度应当是摈弃文化虚骄和文化自卑这种两极化思维，既充分肯定以儒家文明为核心的东亚智慧创造出辉煌灿烂之古典文明的历史事实，又要认真探讨儒家文明和东亚智慧未能顺利导出现代文明的内在缘由。同时在现代性转换这个环节中，必须守望本土传统，汲取古典文化精义，同时又以当代世界为标准进行审视、转换，继往开来，使中华传统礼制在新的时代条件下凤凰涅槃！

中华传统礼制现代性转换应该抓住如下几个环节：

其一，中华传统礼制重获新生的首要条件是与君主官僚政体和专制权力做彻底剥离，使之成为一种更为纯粹的学理阐述和伦理规范，而非宰制性的意识形态说教。尽管儒家先贤孔孟是强调贵贱等级的，但在讲君臣父子等关系中又是强调对等的权利与义务，在孔孟之书中，不存在宣扬“君君臣臣”绝对专制唯上的思想，即不存在宰制性的观念。实际上，礼是人与人（民族与民族、国家与国家）交往时的规范与准则。就其本质而言，它是可能而且可以为现代社会服务的。然而我们也非常清楚，以儒家思想为基础的中华传统礼制，先天带有深刻的专制主义印记，它是农业文明的产物，而农业文明土壤上生长出来的传统礼制，连同礼教礼俗，在很长时期中都被历代王朝的统治者用作压制臣民、维系一姓之天下的施政工具，例如“三纲五常”“三从四德”“君尊臣卑”“官尊民卑”“存天理、灭人欲”等教条成为主宰民众的思想意识。20世纪初，在从帝制走向共和的历史关头，新文化运动和五四运动中，从陈独秀、李大钊到胡适、鲁迅、吴虞纷纷批判封建礼教，他们的批判具有历史的正当性。这些中国文化的先知先觉者对封建礼教进行激烈批判和深刻揭露，成为推动中国走出中世纪的重要助力，有助于民族觉醒和社会进步。但在今天看来，陈独秀、鲁迅等为代表的中国文化先知先觉者，在对中华传统礼制的认识上是有失偏颇的。然而同样无可否认的是：中华传统礼制，对于个人来说是道德修养、立身处世的一套准则；对于群体来说，又是人际交往的文明规则；对于整个社会而言，则是构建稳定的社会秩序的政治设计。这是数千年来的礼制践履中蕴含着中华先民的生命经验和生活智慧。因此，既要将2000余年来专制政体加在传统礼制中压制人性的种种规范做一番细致而恰当的剥离，对中华传统礼制做一番解构，又要发掘出它所具有的中国智慧、伦理精神和道德理想，以期使它为当下社会发挥其正面的构建作用。

当今的中国社会从整体上看已经跨入现代工业化社会的门槛，经济市场化、政治民主化、文化多元化是最为基本的要求，自觉破除传统礼制所内蕴的意识形态迷障，与权力、专制、等级做彻底切割，回归理性，回归礼之本质是最基本条件。只有如此，中华传统礼制才能真正起到提升道德修养、融和现代人际关系、增进社会和谐等功效。反之，不能与中华传统礼制的封建质核彻底决裂，而企望利用它来重新塑造国人道德，不过是盲人骑瞎马而已。

其二，就中华传统礼制的立足基点来看，应当实现从共同体本位向个人本位转型。共同体有大小之分。就中国而言，小共同体是指家庭、家族、宗族等人数有限的共同体，也被称为“熟人共同体”；大共同体是指以民族、国家为单位的社会群体组织，也被称为“陌生人共同体”。在孔孟所处的先秦时期，儒家伦理把以小共同体为本位的道德诉求和行为规范作为出发点，以个人修养为基础进而指向社会规范的，《大学》提出的“格物、致知、诚意、正心、修身、齐家、治国、平天下”就是明证。唐士其《儒家学说与正义观念——兼论与西方思想的比较》指出：儒家的正义观“来自于个人的自我观照与深刻的道德意识，它意味着一种超乎一般的正义准则之上的人生准则，是一种个人的而非社会的道德标准”。正因如此，儒家提出的这套规范性要求，抹杀了个人合理的诉求与利益。柳平生《当代马克思主义经济正义理论及其实践价值》一书指出：当代伦理则强调在不违背社会公德的前提下，同时注重公民以个人权利、自由、尊严等价值和利益为基点，向社会提出多种正当诉求，要求社会制度设计和基本结构的安排为个人价值的实现提供条件和保证。显而易见，在现代性视野中，每个公民的尊严、自由和价值就是国家的尊严、自由和价值，现代社会赋予每个公民尊严、自由和价值是基于法制的基础之上，而非伦理之上。换言之，国家在保障每个公民的尊严、自由和价值的基础上，进而赢得自身的尊严、自由和价值，从而实现整体文明程度的提高。由此而言，要使中华传统礼制服务于现代社会，那么首先要将其重心从伦理观念向法制观念转化，在法律的框架下充分发挥礼制为现代社会伦理道德建设服务的目的。

其三，从中华传统礼制的形态特征来看，应当实现从贵贱有别的差序格局向以独立、平等为核心特征的公民伦理转型。在古代中国，无论是家族本位的小共同体，还是国家本位的大共同体，其共同特征是等级分明的“差序格局”，这就是《左传》说的：“天有十日，人有十等。下所以事上，上所以共神也。”儒家思想家无不认为贵贱等级的重要性与合理性，孔子说：“贵贱无序，何以为国?”《春秋繁露》强调：“贵贵尊贤，而明别上下之伦，使教亟行，使化易成，为治为之也。”《朱子语类》载朱熹之语：“不能尽君臣之道，如无君也。”显而易见，从先秦以来的数千年中，从原生儒家、汉儒到宋明新儒家，他们主张并信服差序格局与等级伦理，而差序格局与等级伦理是培养不出现代公民道德的。正如柳平生强调的那样：现代伦理以平等为首要原则，“自启蒙运动以降的数百年中，人类社会逐步形成的价值共识是，每一个个体，无论是贫是富，品德好坏，地位高低，都具有与他人相等的价值，都应受到相同的待遇，享受同等的权利”。但这种平等需要由法律作为保障，而儒家伦理中仅强调个人私德，没有也不会包含公民、公民社会和公民伦理等现代因素，也就是说，封建专制政体的法律从未真正保障过国民的平等。如果中华礼制要成为现代社会共同生活之准则依据，就必须摈弃差序格局与等级伦理，通过现代性转换来缩短这个时空差距。唯一可行的做法是，必须在法律的框架内引入以“公民”权利为核心的现代价值理念。反过来说，以“公民”权利为核心的现代价值理念，也只有在中华传统礼制这个基盘之上，才有可能逐步生长、茁壮起来，才能培养出符合现代社会的公民道德。

其四，以充满自信的姿态与域外文明交流互鉴，是中华传统礼制充实丰富其当代形态的关键环节。数千年岁月的无情淘洗，不少文明已经消失在历史尘霭之中，但当代世界仍然是一个多元文明的格局。每一个经历了岁月淘洗的文明，均有其独特的存在理由和价值担当。中华文明和当代世界各大文明一样，既然能够历经数千年的淘洗而至今仍存，必然有其独特的坚守和独到的价值。当然也应当看到，进入近代社会以来，中华民族曾远远落后于世界前进的步伐。近代以来许多中国的思想家也认识到这一差距，要求改革而追上世界潮流。冯桂芬、郑观应、郭嵩焘、容闳、严复等文化先驱都提出过中华民族的“自强之路”，包括“以工商立国”“行君主立宪”，以及开报馆、兴学堂、派遣留学生等一系列实践性方案。向西方学习，这是自近代以来先进人士的一致呼声。马克思主义本身也是西方文化。

从历史事实来看，中华文明从来就没有拒绝过对域外文明的学习和采纳，在世界多元格局中，中华传统礼制以道德的实践性、异质的包容性和体系的开放性而使自己立于不败之地。无论是中古时期印度佛教的东传、汉唐时期与域外文明的交融，还是近代以来向西方的模仿与学习，如徐光启、严复等人对西学书籍的翻译、引入，都极大地丰富了中华文明的内涵。特别是改革开放以来，中国重新向世界敞开大门，不仅极大地增进了对域外世界的了解，而且加速了对域外先进文明的汲取，从而加快了自身的发展步伐，促使我们更快地走向世界，更好地加强与世界各国、各种文明的交流，在传播中华文明的同时也吸收着世界文明，这也是不争的事实。放宽历史视野，还可以看到，世界各国文明自古以来就是多元并存的状态，并处在交流互动之中。无论是东亚文明还是西方文明，实际上都是历史上多种文明交流互鉴、相交互融的产物。当代西方文明中，既有古希腊、古罗马文明的因素，也有近代以来德、法等国的宗教改革、启蒙思潮的因素；既有近代以来工业革命科技革命的成果，也有东方，特别是中国文化的影响。

改革开放以来，中华民族现代转型的脚步明显加快。以规模化生产和市场经济、民族国家和民主政体、完备法制和公民社会为核心要素的现代性构架日渐完善。同时以科学精神、人文精神、法治精神和高水准的道德诉求为核心要素的精神性追求也在日渐增长。甚至可以说，市场经济、民主政体、法治社会等只是现代性的基础架构，支撑这个架构的恰恰是其内蕴的科学理性、人文精神和道德诉求这些精神性要素。中国曾长期徘徊于辉煌的中古文明阶段，近代中国的战略任务就是走出中世纪，走向现代化，经过20世纪整整100年的痛苦寻觅和曲折探索，直到

21世纪初，中华民族才在整体上跨入现代工业化社会的门槛。进入这个门槛，自然应当具有现代伦理道德观念。现代伦理要求以人为本，确立人的基本权利不容剥夺和侵犯的价值观念；在实践层面，现代伦理要求以法律为准绳，平等、自由为原则来构建个人与家庭、社会和国家之间的种种关系。也就是说，一个国家应当为公民美德的健康成长提供必不可少的道德生态环境；而理性、健康、积极向上的价值理念和伦理规范，也只有在良好的制度环境中才能落地生根，真正内化为人的自觉意识，成为真正的"人"。正如桑德尔所说的那样："经由公民权利和义务的履行，公民美德可以得到建构，而非耗竭……就公民美德而言，要么使用它，要么失去它。"原因很简单，在一个权力横行、权钱勾结、贪赃枉法、善恶不分、是非不明的社会空间里，家国情怀和责任意识不可能健康地成长起来，想要塑造彬彬有礼且有高尚觉悟的个人，实是画饼充饥。徐茂华归纳出马克思关于人的五个基本属性——具体性、社会性、历史性、规定性和实践性，认为人的本质会随着历史的发展，不断地实践而不断发展着。这一判断使我们深刻地认识到人的本质，也使我们理解"人"会在实践中不断向成熟圆满迈进，其动力就是人类对真、善、美的不懈追求，这当然也是我们培育现代公民道德的最终目标，而中华传统礼制在经过现代性转换后完全能够承担这一重任。

薙发留辫的愚蠢时代早已过去，在信息化的今天，国人应当清醒地认识到融入世界的迫切性和必要性，必须深切了解公民的权利、义务与职责，更要懂得执行法制的重要性。放眼世界，文明交融是趋势，闭关自恋、孤芳自赏、逆势而为是不会有出路的。儒家先贤早有“亲仁善邻”之说，当今只有面向世界，投入世界潮流才有新的明天。梁启超在20世纪初曾激烈地抨击专制君主政体，极力主张向西方文明看齐，但在游历欧洲时也目睹先进的西方文明同样存在着诸多弊端，并非处处光鲜。他写出《游欧心影录》，希望中国青年尊重爱护中国自身的优良传统，坚守中华民族的主体性品格:“第一步，要人人存在一个尊重、维护本国文化的诚意。第二步，要用那西洋人研究学问的方法研究他、得他的真相。第三步，把自己的文化综合起来，还拿别人的补助他，叫他起一种化合作用，成了一个新文化系统。第四步，把这个新系统向外扩充，叫人类全体都得着他好处。”这是100年前中国学人对中华文明的自尊自信和中华民族主体性地位的明确宣示，也是百年来中国学人努力为之奋斗的方向。坚持以谦虚、诚实的姿态向率先实现现代性转型的域外文明学习，坦诚与西方文明进行对话与交流，才是加快中华民族自身现代化进程的必由之路。因此，中华传统礼制要获得新生机制和焕发青春活力，就必须以更加开放的心态，秉持一种面向全人类的友善态度和良好愿望，重新省视自身的传统，真心尊重人类精神生活和文化样态多样化，汲取一切域外文明中包含现代性要素的精华，来补充、丰富、滋养中华民族自身肌体，在与其他文明的对话、交流、互鉴中实现凤凰涅槃，从而更好地为中华民族服务，为世界文明做出贡献。质言之，中华智慧与域外智慧交相辉映之时，就是人类加快步伐迈向命运共同体和利益共同体之日！

中华传统礼制的凤凰涅槃是一项长期的、艰苦的创新过程，构建古今相融、与时俱进的当代礼制体系也不会一蹴而就，提高国人的道德水准，建立良性的社会秩序也非一朝一夕之功，那是需要全体国人长期参与、同心协力来完成的。构建新时期的礼仪体系，构筑新的道德体系，是历史的呼唤和时代的要求。社会进步不应该仅是物质文明的发展，应该是物质文明与精神文明紧密结合，共同发展。因而构建当代礼仪体系必须融汇中华先民的生命经验和生活智慧，弘扬正气，开拓创新，持续推进，让民众在构建新时期礼仪体系和践行过程中，充分地理解构建和践行新时期礼仪的必要性，这是保持民族特色、进行道德重建、振兴中华的必然选择，是回归礼义之邦的康庄大道，是实现中华民族强国、强族的必由之路。

附录一
大事年表

西周

周公制礼作乐

周公姬旦，武王弟，周朝元勋。武王卒，成王年幼，周公摄政。《左传》文公十八年，鲁国太史克称“先君周公制周礼”。清华简《耆夜》记载周公参与行饮至礼事。《礼记·明堂位》云：“周公摄政六年，制礼作乐。”是否摄政六年所作，史无明证，但周公制礼乐当是事实。

春秋晚期

孔子创立儒家礼乐观

孔子（前551—前479年）名丘，字仲尼，儒家创始人，一生主要是聚徒讲学。孔子思想以仁、礼为核心，主张仁政德政，反对暴政苛政。他认为礼对道德的养成有重要作用，强调“不学礼，无以立”；反对追求外在形式（礼仪），而主张讲求内在精神（礼义）。他认为情是礼的基础，强调敬的重要性；肯定贵贱等级的合理性。孔子追求先王盛世，主张对前代礼制进行损益，但反对以法易礼。孔子创立的儒家礼乐观对后世影响极大，是中华传统礼制主要的思想支撑。

战国

《左传》成书

《左传》又名《春秋左传》，相传是左丘明所著，成书于战国初年。但学界对作者与成书时间有不同看法。《左传》是一部编年体史书，纪事自隐公元年（前722年）至哀公十六年（前479年），涉及当时周天子及各诸侯国的政治、经济、军事、外交、文化、礼制、民族等方面情况，对所发生的事件大多以礼为评判标准，客观记载了春秋到战国初礼制变迁的情况，是研究这一历史时期西周礼、春秋礼和战国初礼的重要史料。

荀子撰《礼论》

荀子（约前313—前238年）名况，字卿，战国末期赵国人，著有《荀子》32篇，《礼论》是其中之一。《礼论》是儒家探索礼理论的重要篇章，系统论述了礼的起源、内容和作用。荀子认为"人生而有欲"，有欲便有争，"争则乱，乱则穷"，因此"先王恶其乱也"，制礼定法来定下各人名分，平息争乱。显然这种礼起源论是基于"性恶论"基础之上，并主张以法来解决争执。荀子认为"礼有三本：天地者，生之本也；先祖者，类之本也；君师者，治之本也"，因此制礼必须"上事天，下事地，尊先祖，而隆君师"。在荀子看来，礼有"养"和"别"的区分，"养"即"养人之欲，给人之求"，即满足人的物质欲望和需求，"别"即"贵贱有等，长幼有差，贫富轻重皆有称者"，两者相互依存。他指出"礼者，人道之极也。然而不法礼，不足礼，谓之无方之民；法礼，足礼，谓之有方之士"，因此遵礼是成圣成贤之道。他强调"君子敬始而慎终，终始如一，是君子之道，礼义之文也"。《礼论》着重探讨了丧祭之礼，提出"隆礼"的观点，认为礼是治国的根本，"天下从之者治，不从者乱；从之者安，不从者危；从之者存，不从者亡"。

三礼成书

三礼即《仪礼》《礼记》和《周礼》，是儒家礼学经典著作，更是中华礼制和礼学的渊薮。三礼初撰在战国，但经秦焚书坑儒后散佚，汉后陆续重现并经过汉儒整理，掺入部分汉代内容。《仪礼》在汉初由高堂生传出，分为17篇，主要是士礼，极少涉及诸侯大夫之礼。每篇各为一礼。《士冠礼》《士昏礼》《士相见礼》分别讲成年礼、婚礼和士人的交往礼节。《乡饮酒礼》《乡射礼》是地方学校尊师荐才和乡校射箭比赛之礼。《士丧礼》《既夕》《士虞礼》和《丧服》是与丧礼有关的礼仪及五服制度。《燕礼》《觐礼》和《聘礼》是宴会、往来、聘问的礼仪。《特牲馈食礼》《少牢馈食礼》及《有司彻》是祭礼。《公食大夫礼》是诸侯宴请之礼，《大射仪》则是天子、诸公、卿大夫举行的射礼。《礼记》出自孔壁，为汉武帝之时。史称原有130篇，戴德、戴圣分别整理，称《大戴礼记》和《小戴礼记》。今本《礼记》是小戴本，经郑玄注疏后流传颇广，共49篇。《礼记》作者比较复杂，既有战国时人，也有汉初一些儒家，因此内容很杂，涉及先秦各种礼仪、礼器、礼论、制度、思想、道德修养等方面，也有对具体礼仪的阐释。《礼记》中有不少古人的警句格言。《周礼》原名《周官》，王莽时改称《周礼》，经郑玄注疏后定名。《周礼》作者不可考，但可认定是战国时人对国家构建的理想图景，由于出自孔壁，故有汉儒整理时增入的内容。《周礼》模仿天道运行，以天、地、春、夏、秋、冬六官为组织架构，但冬官已佚，补入《考工记》，凑成六官。前五官各设60官，合为360官，对应周天360度。每官都有明确的职掌，叙述中涉及许多典章制度、礼仪规范，反映出作者的政治思想。

秦

秦始皇创建集权礼制

嬴政（前259—前210年）于前247年即秦王之位，年仅13岁。他22岁亲政，极力向东扩张，先后消灭了关东六国，于前221年建立起统一的大帝国。嬴政以尊君抑臣、加强皇权为目的，着重创建天子礼。他自称始皇帝，皇帝称朕，皇帝之命称制，令称诏；臣下行政、上书等都有特定的用语；加强地方控制，实施郡县制；定岁首为朝贺日，颁正朔、建帝陵等一系列礼仪，影响极其深远。前219年，始皇登泰山，行封禅礼，宣扬天命，并勒石纪功，将中央集权的帝国神圣化，以证明政权的合法性，开启了后世皇帝的封禅之途。秦始皇制礼体现出实用主义、功利主义的特色，集权专制色彩极其明显。

汉

刘邦设北畤

秦原是西方小国，其行用礼仪与中原的西周之礼有所不同。秦自襄公

（前777—前766年在位）被封为诸侯，便立西畤祭天；文公（前765—前716年在位）又置鄜畤祭白帝，此后宣公（前675—前664年在位）置密畤祭青帝；灵公（前424—前415年在位）置吴阳上畤祭黄帝，置吴阳下畤祭炎帝；秦献公（前384—前362年在位）置栎阳畦畤祭白帝。即秦祭白、青、黄、赤四帝。楚汉相争之汉二年，刘邦问为何天有五帝，却只祭四帝？属下莫知其说。于是刘邦立黑帝祠，称北畤。史称汉“雍五畤”。

叔孙通制大朝会仪

叔孙通（生卒年不详）原为秦博士，秦末投归项梁，汉二年转投汉王刘邦，跟随叔孙通归汉的儒家弟子有百余人。五年，刘邦平天下，称皇帝。高祖在宫中宴请，然大臣饮酒争功，醉酒妄呼，甚至拔剑击柱，令高祖担忧。于是叔孙通建议制订礼仪来规范朝臣，获得高祖允许。叔孙通率领百十余人开始创制汉礼，建立了一些典章制度。高祖曾观看，表示满意，下令大臣依此习礼。七年，长乐宫成，诸侯王大臣都依朝会仪行礼，次序井然，置酒赐臣，无人喧哗失礼，于是高祖称：“吾乃今日知为皇帝之贵也。”

汉初儒家复兴

秦焚书坑儒，禁绝传播儒学。汉初，儒家始复兴，一些老儒口授儒经，听者以汉代流行的隶书记下。为区别于后来出现的古文经籍，这些典籍称为今文经。汉初传今文经比较著名者有伏胜《尚书》、田何《易》、浮丘伯《春秋》、高堂生《礼》，《诗》有鲁、齐、韩、毛四家，还有出于鲁地的《穀梁传》、出于齐地的《春秋公羊传》等。西汉王朝陆续立今文经于学官，欧阳氏《书》，后氏《礼》，杨氏《易》和公羊《春秋》，大小夏侯《尚书》，大小戴《礼》，施、孟、梁丘《易》，《春秋穀梁传》，京氏《易》等先后设博士。与后来的古文经学者兼采诸家不同，今文经学者大多是专精一经，注疏动辄数十万言，且守家法，因而逐渐衰弱。

汉武帝泰山封禅

前141年武帝即位，时天下太平已60余年，因此搢绅之属盼望泰山封禅。但当时窦、王两太后掌控实权，丞相窦婴、太尉田蚡等人曾议立明堂，草拟巡狩、封禅、改历、服色，想摆脱窦太后掣肘，然事未果。不久窦太后发动宫廷政变，废窦婴、田蚡，迫使赵绾、王臧自杀，礼制建设遂停顿，封禅事罢。元光二年，术士李少君称黄帝封禅而不死，武帝甚感兴趣，始亲祠灶，遣方士入海求长生之药。武帝虽频频巡狩、祠祭名山大川，但到泰山封禅迟至元封元年（前110年）。然此后武帝于元封二年、元封五年、太初元年、太初三年、天汉三年、天汉四年、太始四年均赴泰山祭祀。

古文经的发现

古文经学是经学中的一个流派，指经过汉代学者整理过的以先秦文字写成的经籍。景帝之子河间献王刘德于民间搜集到一批用汉前文字写成的先秦典籍，有《周官》(即《周礼》)、《尚书》、《礼》、《礼记》、《孟子》、《老子》及儒家后学七十子之徒所著文章，并于武帝时献上《周官》等书。武帝时鲁恭王刘馀坏孔子宅，于壁中也得到《尚书》《逸礼》《论语》《孝经》等数十篇，是以汉之前文字写成。这些典籍称为古文经。刘歆整理古文经，于汉哀帝时奏请立古文经《左氏春秋》及《毛诗》《逸礼》《古文尚书》等于学官，然未能如愿。至平帝时，才立《左氏春秋》《毛诗》《逸礼》《古文尚书》于学官，置博士。王莽新朝覆亡，古文经退出学官，但仍盛行于东汉。

西汉元始郊祀礼

平帝元始四年春正月，郊祀高祖以配天，宗祀孝文以配上帝。元始五年，大司马王莽奏称王者父事天，故称天子，依据《孝经》“人之行莫大于孝，孝莫大于严父，严父莫大于配天”一语，要求南郊实行严父配天之制，同时还更改与完善了具体祭仪，获得平帝同意。这就是著名的元始南郊改革。郊祀严父配天宣示政权的合法性，从此成为后世历代王朝最为重要的祭天礼仪形式。

郑玄注三礼

郑玄（127—200年）为东汉著名古文经学者，师事张恭祖学《古文尚书》《左传》《周礼》，师马融学古文经。游学归来，授徒讲学，从者数百人。党锢之祸起，郑玄杜门著述，融会今古文经学，遍注三礼，代表汉代最高学术水准，影响极其深远。今十三经注疏本的三礼采用郑注。

曹魏

王肃礼学

王肃（195—256年）为曹魏名儒王朗之子，是著名古文经学家。他师事宋忠学《太玄》。曹魏时先后任职散骑黄门侍郎、散骑常侍、秘书监兼崇文观祭酒、侍中、太常、中领军等职，对曹魏礼仪颇多建议。喜好并擅长贾逵、马融之学，对郑玄经学批评甚多，在朝廷典制、郊祀、宗庙祭祀、丧服等礼仪上观点与郑玄截然不同，曹魏颇采王议。王肃采会同异，为《尚书》、《诗》、《论语》、三礼、《左氏》等书做注解，并编定其父王朗《易传》一书，皆列于学官。王肃经学在西晋影响很大，晋亡而王氏之学亦衰弱，其著作未能保存下来。

晋

西晋武帝制订五礼

西晋建立者为司马炎，司马昭之子、王肃外孙。魏咸熙元年（264年）十月，司马炎立为晋世子。早在咸熙元年七月，司马昭奏准司空荀颉定礼仪，荀颉又奏请羊祜、任恺、庚峻、应贞、孔颢参与删改旧文。咸熙二年八月司马昭死，司马炎继为晋王。十二月，司马炎代魏建晋，年号泰始，为晋武帝。荀颉诸人以五礼为序，撰新礼165篇，成于晋初。然晋武帝即位后对新礼仍有所更革，后又命挚虞、傅咸等人讨论荀颉所撰新礼得失，以便施行，未能最终成功。

南北朝

齐梁五礼

齐武帝永明二年，曾诏尚书令王俭制订五礼。至梁武帝，又命群儒裁定。明山宾撰吉礼，严植之主修凶礼，陆琏定军礼，贺玚纂宾礼，司马褧编嘉礼，又命沈约、周舍、徐勉、何佟之等参会其事，共同商议。陈武帝受禅，多准梁旧式，行事则随时笔削。南朝诸礼典均未传下来。

孝文帝礼制改革

北魏道武帝时已经引入汉式礼仪，然亦比较简陋，事多阙遗。孝文帝时开始对旧典进行修正。孝文改制分为两个时期，前期为文明太后主持，增太庙、起明堂和辟雍、祭山川、行乡饮酒、于京师立孔庙等等；后期是孝文亲政后的改革，废西郊，行南郊，养国老庶老，行大射之礼，亲定祭山川、禘祫、崇儒祭孔之礼，籍田、祭前代帝王和圣贤、亲祠孔子庙、行饮至礼等，基本遵循汉式礼仪。孝文帝改革加快了民族礼仪的交融，促进了鲜卑族文化的发展。孝文礼制改革对北齐、北周和隋都有一定影响。

隋

隋文帝五礼与《江都集礼》

隋朝国祚虽仅30余年，但先后编成《开皇礼》《仁寿礼》和《江都集礼》。隋禅代北周，文帝杨坚命国子祭酒辛彦之议定祀典。开皇三年，辛彦之拜礼部尚书，与秘书监牛弘受命撰新礼。次年，牛弘拜礼部尚书，最终修成百卷之礼典，此即《开皇礼》。仁寿二年闰十月，文帝诏令牛弘与杨素、苏威、薛道衡、许善心、虞世基、崔子发等讨论开皇礼，降杀轻重，修订新礼，即《仁寿礼》，为130篇。文帝时两礼主要依据北齐礼，兼采梁、陈之礼，也保留部分北周礼仪。杨广在其兄杨勇被废后立为皇太子，仁寿年间担任扬州总管，召集一批江南著名礼家集体编撰了一部礼典，即126卷（一说120卷）的《江都集礼》。该礼典特点是既载礼仪变革，又载前代郑玄、王肃、徐广、贺玚、崔灵恩、谯周、何承天、庾蔚之等礼学名家的礼论，故此礼典与其他礼典有较大不同。隋朝三部礼典均已亡佚。

唐

唐初《五经正义》

两汉有今古经文之争，郑玄注三礼后，又有王肃对其进行批判，因而两晋南北朝对儒家经典的纷争仍然存在，形成南学与北学两派。唐太宗诏令孔颖达、颜师古、司马才章、王恭、王琰等诸儒撰定《五经》义训，对诸家之说择善而从。贞观十六年成书180卷（一说170卷），分别为《毛诗正义》《尚书正义》《礼记正义》《周易正义》和《春秋左传注疏》，合称《五经正义》，就官方层面说基本结束了儒家派别之争。高宗永徽四年三月，诏颁《五经正义》于天下，明令科举明经科以此为准。

《贞观礼》和《显庆礼》

唐太宗即位，诏中书令房玄龄、秘书监魏徵、散骑常侍孔颖达等修改旧礼。贞观十一年正月书成，为《吉礼》61篇，《宾礼》4篇，《军礼》20篇，《嘉礼》42篇，《凶礼》6篇，《国恤》5篇，总138篇，分为100卷，颁布天下，此即《贞观礼》。《贞观礼》承先启后，在中华礼制史上有着比较高的地位。高宗即位，朝臣有认为《贞观礼》于礼仪未尽，因此又诏长孙无忌、杜正伦、李义府、李友益、许敬宗等重加辑定，勒成130卷，于显庆三年奏上，高宗亲自为序，此为《显庆礼》。《显庆礼》行用不久，不少大臣认为该礼缺陷颇多，不如《贞观礼》。仪凤二年以“新修礼多有事不师古”，因此礼司每有大事，只能参会古今礼文，临时撰定，然贞观、显庆二礼，仍并行不废。

杜佑著《通典》

杜佑（735—812年）是唐代著名学者，所撰《通典》是记载历代典章制度沿革的名著。《通典》始自传说中的唐虞，止唐肃、代之时，共200卷，分为食货、选举、职官、礼、乐、兵、刑、州郡和边防九典，典下分若干子目，取材精审，大多为一手资料，史料价值颇高。礼、乐、选举、职官等典均包含礼制资料，其中礼典占100卷，可见杜佑对礼制的重视。礼典按五礼形式分门别类，先叙述某一礼仪沿革，然后较为详尽地叙述唐代相关礼仪。

玄宗诏修《大唐开元礼》

唐玄宗开元十四年，通事舍人王喦上疏，请删去《礼记》旧文而益以今事，诏付集贤院议。学士张说以为《礼记》不刊之书，不应改易，而贞观、显庆两礼则仪注前后不同，宜加审定，应重新编纂唐礼。玄宗诏集贤院学士徐坚、李锐、施敬本等人撰述。历年未就而李锐卒，萧嵩代李锐进行修撰，最终由王仲丘修改定稿，为150卷，是为《大唐开元礼》。《大唐开元礼》是集唐代五礼之大成，具有极高的参考价值，后世礼典修撰虽有改易，但大体沿袭此礼典。

玄宗朝修《唐六典》

唐玄宗开元十年诏修。玄宗手写白麻纸六条，曰理、教、礼、政、刑、事，令以类相从。现题玄宗御撰、李林甫注，实为张说、萧嵩、张九龄等人主其事，徐坚、韦述、毋煚、徐钦等人参与撰写。开元二十六年奏上，共30卷。是书分三师、三公、三省、六部、九寺、五监、十二卫，末卷载地方三府、督护、州县，按照职官职责、编制、沿革详加叙述。其中礼部尚书一目有较多礼制史料。《唐六典》以当时原始资料编写，史料价值极高，但成于众手，亦有错漏、矛盾或重复之处。

宋

王溥著《唐会要》《五代会要》

王溥（922—982年）为五代到北宋初人，历任后周中书侍郎、平章事，曾表请并参与撰写《周世宗实录》。宋初进位司空。建隆二年，王溥进献《唐会要》100卷。在唐代，苏冕曾撰高祖到德宗史事，编成《会要》40卷，崔铉、杨绍复奉敕编成德宗之后的《续会要》40卷。王溥在两书的基础上编成《唐会要》。乾德三年，王溥又撰成《五代会要》30卷进献。两书均属典章制度沿革的著作，体例一致，分门别类记载相关史事，史料价值颇高。其中有关“礼”类诸篇涉及各项礼仪的来龙去脉。

太祖《开宝通礼》

《开宝通礼》是北宋太祖时期行用的礼典。太祖开宝四年六月，诏刘温叟、李昉、卢多逊、杨昭俭等人依《大唐开元礼》重新编写。开宝六年四月书成，共200卷，其规模超过《大唐开元礼》，但创新性不强。《开宝通礼》主要沿袭《大唐开元礼》，但也吸收五代尤其后周的礼制，并以宋朝沿革制度附属之，形成宋代第一部礼典。开宝六年改科举开元礼科为开宝通礼科。神宗熙宁四年罢该科，哲宗元祐六年复置，绍圣间又废罢。

欧阳修编纂《太常因革礼》

《开宝通礼》颁布后，因具体礼仪需要，不断增添相关礼仪，仪节亦有变化。真宗天禧年间，陈宽编次礼院所承新旧相关诏敕，未成。天圣初，王皞编成《礼阁新编》，迄于真宗乾兴年间，著述虽草率，但首尾完具，成为有司行用依据。景祐四年，贾昌朝撰《太常新礼》与《祀仪》，止于庆历三年。皇祐中，文彦博撰《大享明堂记》。至嘉祐中，欧阳修纂集散失，命官设局，依《通礼》体例记历朝变化，附以新出礼礼仪，以类相从，增添新内容达十之有三四，又有废礼一目，载历朝废弃礼仪。治平二年成书，共100卷，英宗赐名《太常因革礼》。《太常因革礼》已亡佚，清人徐松自《永乐大典》中辑出。

神宗礼制改革

神宗即位，起用王安石，于熙宁、元丰年间进行变法，礼制改革是其重要内容之一。变法期间先后颁布《朝会仪注》46卷，分别为《閤门仪》《朝会礼文》《仪注》《徽号宝册仪》。《祭祀》191卷，分别是《祀仪》《南郊式》《大礼式》《郊庙奉祀礼文》《明堂祫享令式》《天兴殿仪》《四孟朝献仪》《景灵宫供奉敕令格式》《仪礼敕令格式》。《祈禳》40卷，分别是《祀赛式》《斋醮式》《金箓仪》。《蕃国》71卷，分别是《大辽令式》《高丽入贡仪》《女真排办仪》《诸蕃进贡令式》。《丧葬》163卷，分别是《葬式》《宗室外臣葬敕令格式》《孝赠式》。熙丰年间礼制对原来礼仪损益颇多，形成宋代第二个礼制改革高潮。这些礼典均失传，仅在一些典籍中有所引用。

司马光著《书仪》

书仪是古代士大夫私家有关书札体式、典礼仪注的著作，起源颇早。宋代著名史学家、政治家司马光（1019—1086年）著《书仪》10卷，其中卷一为表奏、公文、私书、家书样式，其余9卷分别为冠、昏、丧三仪，主要对普通士大夫和庶民进行礼仪规范。《书仪》对后世影响甚大。

《政和五礼新仪》

徽宗在编纂礼典上雄心勃勃，即位之后便置议礼局于尚书省，亲自参与，诏敕屡下。大观三年编成《吉礼》231卷、《祭服制度》16卷，都曾颁行。到政和三年，最终编成220卷《政和五礼新仪》，另有徽宗亲自编写的10卷。《政和五礼新仪》规模宏大，仪节详尽，代表宋代礼典修撰的最高水准。徽宗朝编制礼典，形成宋代第三次编写礼典的高潮。该书流传至今，但有少量亡佚。

《中兴礼书》

绍兴元年，太常少卿赵子画请续编绍兴太常因革礼，次年书成，名《续因革礼》，凡30卷（一说27卷）。此后礼部太常寺继续采编礼仪，至孝宗淳熙十二年，礼部侍郎史弥大奏称所编史书规模巨大，且有许多历朝未行用过的礼仪，乞进呈，获准。该书即《中兴礼书》。《中兴礼书》后亡佚，徐松从《永乐大典》中辑出，亦非完本。今存247卷。

朱熹《家礼》

朱熹（1130—1200年）为宋代理学集大成者。《家礼》一书是针对普通士大夫和百姓撰写的礼仪著作，分为通礼、冠、昏、丧、祭五部分。该书参考古今各家家礼，并结合当时民间礼俗撰写而成。初稿完成后，曾在其朋友间流传。淳熙三年三月朱熹赴婺源扫墓，途中被窃。朱熹去世后，被窃之书又找回，并广为刊刻流传。《家礼》对后世民间礼仪的影响极大，明清时纳入官方礼典之中。

金

张暐编撰《大金集礼》

女真族建立金朝，其礼制发展有个过程。金太宗末年时韩企先参酌国俗，并采纳汉仪编写过礼典，熙宗初也撰成一部礼典。海陵王时，礼仪更革较大，采纳较多汉式礼仪。世宗、章宗两朝则是金朝制礼高潮，集金礼书之大成，其礼仪基本参照唐宋礼典修订并实施。《大金集礼》的作者是章宗时张暐。他曾参与明昌初成书的400卷《金纂修杂录》的编写，又领衔编修以五礼为纲目的《大金仪礼》，明昌六年以礼部尚书衔进呈。《大金集礼》原名《国朝集礼》，共40卷，是张暐编写的会要体礼典，编定于世宗大定末年，于章宗明昌六年进呈。该书分帝号、册谥、祠祀、朝会、飨燕、仪仗、舆服、班位、辍朝、沿祀杂录等门，分类排纂，甚为完备，史料价值亦高。今有少量缺佚。

元

元朝《国朝集礼》与《元典章》

铁木真创建了蒙古汗国，其国主要行用蒙古族礼仪。元世祖迁都大都

(今北京),始行用少量汉式礼仪,其法律曾行用金朝《泰和律》。至元七年,赵秉温预制朝仪有功,授尚书礼部侍郎、知侍仪司事。至正二十九年,赵秉温编成《国朝集礼》,其书具体情况不详。至正八年,世祖改国号大元,禁《泰和律》。但元朝本无完成相关条格,到至元二十八年才编成《至元新格》。《元典章》成书于英宗至治二年,共60卷,全称《大元圣政国朝典章》,附有《新集至治条例》,所录世祖即位至仁宗延祐七年间史事,共分10大类:诏令、圣政、朝纲、台纲、吏部、户部、礼部、兵部、刑部、工部。类下分子目,子目下再分细目。礼部下有礼制、儒教、僧道共3条子目,其中礼制下又有礼仪、服色2条细目。《元典章》是一部蒙古法与汉法融合的元代法典巨著,史料价值颇高。然此书明朝万历年间亡佚,今有钞本传世,但体例杂乱,错漏颇多。

明

《明集礼》

《明集礼》即《大明集礼》。朱元璋起兵反元后,宣称要革除胡礼。吴二年正式设立礼局议礼制乐。洪武二年八月下诏修纂大明礼制,欲成一代之制,次年九月修成《明集礼》,共50卷。该书除有吉、嘉、宾、军、凶五礼外,又增列冠服、车辂、仪仗、卤簿、字学、乐诸类,体例不纯。由于成书迅速,存在诸多问题,故洪武年间礼文屡有损益更革,未成定制。到嘉靖时增为53卷,此后虽仍有修订,然未增加卷帙。

《明会典》

《明会典》即《大明会典》,是明朝官修的仿《唐会要》体例的典章制度著作。该书前后共修三次,孝宗弘治十年始修,由吏部尚书徐溥领衔,十五年成书。会孝宗死,武宗继位,即命大学士杨廷和重校,并于正德六年颁行,故称《正德会典》,共180卷。第二次为嘉靖诏命改修《正德会典》,于嘉靖二十八年成《续修大明会典》53卷,未颁行。第三次在万历年间由张居正领衔,申时行等人参加撰述,万历十五年成书,称《万历重修会典》,228卷,即今《大明会典》。该书以六部为纲,分述诸司职掌与事例,还附有插图,内容丰富,补《明史》诸志所缺,因而史料价值很高。

《五经四书大全》和《性理大全》

永乐十二年十一月，诏令胡广、杨荣、金幼孜等人修《五经四书大全》，永乐十三年九月书成，共154卷，颁布天下，科举取士以此为准。同时进呈还有胡广领衔编纂的《性理大全》70卷。《五经四书大全》包括《周易大全》24卷、《书传大全》10卷、《诗经大全》20卷、《礼记大全》30卷、《春秋大全》70卷。《周易大全》用宋程颐、朱熹注，宋董楷、元胡一桂等疏；《书传大全》用宋蔡沈注，元陈栎、陈师凯疏；《诗经大全》用宋朱熹注，元刘瑾疏；《礼记大全》用元陈澔注，杂采众说为疏；《春秋大全》用宋胡安国注，元汪克宽疏。《五经四书大全》和《性理大全》是明朝在学术领域实行一统、进行思想专制统治的重大举措。

嘉靖帝大礼仪之争

正德十六年四月，孝宗之子武宗暴亡。因武宗无子，孝宗亦无在世子嗣，内阁首辅杨廷和策划并选择武宗堂弟、兴献王朱祐杬之子朱厚熜继统。杨廷和主张世宗过继孝宗之统，而朱厚熜则强烈反对，无法协调。朱厚熜声称遵皇兄武宗遗诏登皇帝位，否认自己是孝宗的“皇子”，以次年为嘉靖元年。兴献王早在正德十四年已亡，世宗为使生父入太庙祭祀，与杨廷和等大臣屡有冲突，他采用收买、镇压两手措施千方百计要达到目的。数年间，世宗利用张璁、桂萼等人，打击杨廷和一派，到嘉靖三年七月，终于上兴献王尊号为“皇考恭穆献皇帝”，神主奉安于奉先殿东室观德殿，九月改称孝宗敬为皇伯考。嘉靖二十七年献皇帝神主入太庙，其墓按帝陵规制改建，称显陵。大礼仪之争既是礼仪之争，更是一场激烈的新旧政治势力的斗争，以世宗获胜告终，深刻体现了专制主义政权对礼制变化的影响。

清

《清会典》

《清会典》即《钦定大清会典》，亦称《大清会典》，为官修典章制度著作。始于康熙朝，雍正、乾隆、嘉庆、光绪诸朝均有续修。其中《康熙会典》162卷，《雍正会典》250卷，《乾隆会典》100卷，《嘉庆会典》80卷，《光绪会典》100卷，史称《大清五朝会典》。《清会典》体例是“以官统事，以事隶官”，即以政府官署为纲，系以各种政事，记载涉及宗人府、内宅、六部等官署的职官、编制、职掌、政令、事例、仪礼等制度，是极为宝贵的第一手资料。《清会典》载录官修家礼，涉及婚、丧、祭、宴、冠服、相见等礼，是士民之家日用常行的礼仪。《康熙会典》记载了清早期从后金汗国之礼向入关后汉式礼仪的转变，与满文老档记载不同，显然有文饰。

《大清通礼》

顺治入关后，明确了继承明朝礼制格局的制礼思路，形成以汉式礼仪为主、融入满洲礼制因素的礼仪风格与行礼模式，奠定了清朝礼制体系的基本格局。在继承康熙礼制遗产的基础上，乾隆元年六月十六日诏开三礼馆，七月命大学士鄂尔泰、张廷玉、朱轼，兵部尚书甘汝来，为三礼馆总裁，体现了崇儒重道的文化政策，显示融入中华文化的决心。六月二十三日，乾隆诏令纂修《大清通礼》，至乾隆二十四年成书，50卷，由太子太保、武英殿大学士来保领衔进呈。道光四年，穆克登额辑成《续纂大清通礼》54卷。《大清通礼》首列乾隆诏令及朝庙大典仪式，次分类记载吉、嘉、军、宾、凶五礼制度，附有冠服通制和仪卫通制。《大清通礼》是一种颇有特色的满汉混融的礼制形式，符合中华民族融合和中华文化发展的总趋势。

朱彝尊《经义考》

自顺治起，历经康雍乾三朝，清政府采取文化高压政策，大行文字狱，打压和迫害知识精英，导致文化局面一度消沉，许多学者转向考据学研究，以规避灾祸。朱彝尊（1629—1709年）所著《经义考》300卷，详细考证了历代经籍存佚流传，是一部考据学名著。此书原名《经义存亡考》，分存、亡二类，后分存、阙、佚、未见四类，故改名《经义考》。《经义考》将历代经籍分为御注、《易》、《书》、《诗》、《周礼》、《仪礼》、《礼记》、通礼、《乐》、《春秋》、《论语》、《孝经》、《孟子》、《尔雅》、群经、《四书》、逸经、毖纬、拟经、承师、宣讲、立学、刊石、书壁、镂版、著录、通说、家学、自述等近30类。类下每书首列作者、卷数，然后考述该书存、佚、阙、未见各种情形，详载序、跋及诸家评论，朱氏见解则以按语附于卷末。全书搜罗广博，考证赅洽，资料丰富，对研究古代经籍及有关文献，具有很高的参考价值。

秦蕙田《五礼通考》

清人徐乾学曾著《读礼通考》一书，秦蕙田（1702—1764年）对此书不满意，历时38年，四易其稿，著成《五礼通考》262卷。《五礼通考》断限除六经外，后世典章制度始于秦，迄于明。是书充分搜集了经传注疏、纪传书志、诸子文集等各种资料，详加考核，详其本末源流，罗列异同，上自王朝礼制、下逮民俗，靡不该载。资料剪裁先经后史，以时代先后排比，下附按语，发表己见。《五礼通考》是一部资料丰富、学术价值极高的中国古代礼学的集大成之作。

近代

袁世凯礼制复辟

袁世凯任大总统后，于1914年在内务部设典礼司，同时设礼编订会，11月又改置为礼制馆，徐世昌任国务卿兼礼制馆总裁，钱能训任政事堂右丞兼礼制馆副总裁。礼制馆直属总统府政事堂，为袁世凯复辟制订相关礼仪。在袁氏授意下，礼制馆于1914年至1915年先后颁布《祀天通礼》《祭祀冠服制》《祭祀冠服图》《祀孔典礼》《关岳合祀典礼》《忠烈祠祭礼》《相见礼》《国乐谱》等8种礼仪规定。除《相见礼》有与一般民众相关的礼节外，其余都是国家祭祀之礼仪。这些礼仪在袁氏帝制复辟中予以行用。袁氏失败后，礼制馆及其所编礼制，都被新任国务总理段祺瑞废止。

北泉议礼

抗战期间，国民党政府在重庆成立礼乐馆，负责制订礼仪。1943年11月委派戴季陶召集相关部门的官员、有关专家30余人，在重庆北碚温泉召开了为期10天的礼制讨论会，史称“北泉议礼”。该会议最终成果是制订出以五礼为形式的《中华民国礼制》。该礼典抛弃了传统礼典绝大部分内容，也抛弃了北洋政府制订的礼仪规范，显示出企望与现代社会接轨的倾向，但其总体思路仍没有摆脱传统礼乐制度的羁绊。

吴虞著文反对礼教

吴虞（1872—1949年），四川新繁（今属成都市）人，近代思想家、学者。1905年赴日本东京法政大学求学，1907年回国。先后在报刊担任主笔、主编，也在北京大学、成都大学和四川大学任教。他反对袁世凯称帝，积极投入新文化运动，鼓吹新学，主张西化，批判礼教，与李大钊、鲁迅、胡适、易白沙等人都是时代风云人物。他发表《家族制度为专制主义之根据论》(《新青年》2卷6号，1917年2月)、《吃人与礼教》(《新青年》6卷6号，1919年11月)等文章，对“吃人的礼教”进行了激烈的批判，强调“我们不是为君主而生的！不是为圣贤而生的！也不是为纲常礼教而生的”，认为“吃人的就是讲礼教的！讲礼教的就是吃人的呀”，影响甚大，被胡适称为“中国思想界的清道夫”，“只手打翻孔家店的老英雄”。吴虞批判旧礼教在当时有历史正当性，但他没有从理论上深入下去，文章显得比较浮浅；也没有客观分析礼在中国历史上曾经起到的作用和存在的价值，粗暴地加以全盘否定，显然评价不甚客观。

《中华民国通礼（草案）》

南京国民政府于1946年颁布了《中华民国通礼（草案）》，这是在北泉议礼形成的《中华民国礼制》基础上修订的最终成果。《中华民国礼制》首列总纲，指出礼制应以三民主义为最高原则，以十二守则（忠勇、孝顺、仁爱、信义、和平、礼节、服从、勤俭、整洁、助人、学问、有恒）为基本信条，列举礼制的七大作用：“一曰建国家，二曰安社会，三曰和人民，四曰立事业，五曰厚礼俗，六曰绥万邦，七曰利后世。”内容上，它包括了当时行用的各种礼节，比《中华民国礼制》有所扩充，但还保留旧礼仪的一些内容；分类形式上，它采用传统的吉、嘉、军、宾、凶五礼分类，实是一种倒退。《中华民国通礼（草案）》没有完成传统礼制的现代性转换。

附录二
唐宋礼制对比表

《大唐开元礼》五礼归类表

类	礼名	祭祀时间	祭祀场所
吉礼	南郊圜丘	冬至	南郊
	祈穀	正月上辛	圜丘
	雩祀	孟夏	圜丘
	明堂	季秋	明堂
	青帝	立春	东郊
	赤帝	立夏	南郊
	黄帝	季夏土王日	南郊
	白帝	立秋	西郊
	黑帝	立冬	北郊
	褙百神	腊日	南郊
	朝日	春分	东郊
	夕月	秋分	西郊
	风师	立春后丑日	风师坛

续表一

类	礼名	祭祀时间	祭祀场所
吉礼	雨师	立夏后申日	雨师坛
	灵星	立秋后辰日	灵星坛
	司中、司命、司人、司禄	立冬后亥日	司中等坛
	北郊方丘（后土同）	夏至	北郊
	神州	孟冬	北郊
	五岳四镇四海四渎	各以五郊迎气日	岳镇海渎坛
	禇太社	仲春、仲秋上戊	太社
	时享	一岁五享，谓四孟月及腊宗庙	太庙
	禘祫	三年一祫，以孟冬 五年一禘，以孟夏	太庙
	祭七祀	禘祫时附	
	功臣配享	禘祫时附	
	肃明皇后庙时享		肃明皇后庙
	孝敬皇后庙时享		孝敬皇后庙
	帝后拜陵（附太学卿行诸陵）		皇陵
	先农、耕籍	孟春吉亥	先农坛
	享先蚕、亲桑	皇后季春吉巳	先蚕坛
	荐新		太庙
	中霤	季夏	太庙
	司寒	孟冬	太庙
	五龙坛		兴庆宫
	皇帝、皇太子视学		国子学
	皇太子释奠	春、秋	国子学

续表二

类	礼名	祭祀时间	祭祀场所
吉礼	国子释奠		国子学
	皇太子束修		国子学
	巡狩		太社、太庙
	巡狩		望秩山川
	封祀泰山（禅社首山附）		泰山
	祈雨、祈晴		太庙
	祈雨、祈晴		太社
	祈雨、祈晴于岳镇以下		北郊
	祈雨、祈晴于岳镇		岳镇海渎坛
	禜（久雨）国门		国门
	诸州祈社稷		诸州社稷
	诸州祈诸神		诸州神祠
	诸州禜城门		诸州城门
	诸州祭社稷		诸州社稷
	诸州释奠	春、秋	诸州州学
	州学生束修		诸州州学
	诸里祭社稷		诸里社稷
	诸太子庙时享		诸太子庙
	三品以上时享其庙		家庙
	三品以上祫享其庙		家庙
	王公以下拜扫（寒食附）		墓地
嘉礼	加元服		太极殿
	纳后		太极殿
	帝后正至受皇太子朝贺		太极殿

续表三

类	礼名	祭祀时间	祭祀场所
嘉礼	帝后正至受皇太子妃朝贺		太极殿
	正至受群臣朝贺		太极殿
	千秋节受群臣朝贺		太极殿
	皇后正至受群官朝贺		皇后正殿
	皇后正至受外命妇朝贺		皇后正殿
	读时令	每月	明堂
	太极殿读时令	每月	太极殿
	养老	仲秋	太学
	临轩册命皇后		太极殿
	临轩册命皇太子		太极殿
	临轩册命诸王大臣		太极殿
	朝堂册命诸臣		东朝堂
	册内命妇二品以上		肃章门外、永安门外
	遣使册授官爵		受册者门外
	朔日受朝		太极殿
	朝集使引见		太极殿
	皇太子加元服		太极殿
	皇太子纳妃		太极殿
	皇太子元正冬至受群臣贺		东宫正殿东序
	皇太子元正冬至受宫臣朝贺		东宫正殿东序
	皇太子与师傅保相见		宫门外道
	皇太子受朝集使参辞		东宫正殿东序
	亲王冠（百官庶人附）		亲王第

续表四

类	礼名	祭祀时间	祭祀场所
嘉礼	亲王纳妃（一品以下至庶人附）		亲王第
	公主降嫁		太极殿稍北
	三品以上嫡子冠		家庙或宅第
	三品以上庶子冠		宅第
	四品五品嫡子冠		家庙或宅第
	四品五品庶子冠		宅第
	六品以下嫡子冠		宅第
	六品以下庶子冠		宅第
	三品以上婚		宅第
	四品五品婚		宅第
	六品以下婚		宅第
	朝集使于尚书省礼见（并辞）		尚书省官署
	任官初上（诸州上佐附）		太庙外、任所
	京兆府河南牧初上（诸州刺史都督附）		任所
	万年长安令初上（河南洛阳县令礼同诸县令附）		任所
	乡饮酒（正齿位）		州官署
	宣赦书		顺天门朝堂前
	群臣诣阙上表		顺天门朝堂
	群臣奉参起居		顺天门朝堂
	皇帝遣使诣蕃宣劳		顺天门朝堂
	皇帝遣使诣诸州宣抚		州城门外

续表五

类	礼名	祭祀时间	祭祀场所
嘉礼	皇帝遣使诣诸州宣制劳会		州城门外
	皇帝遣使诣诸州宣赦书（镇与州同）		州城门外
	诸州上表		州署
宾礼	蕃主来朝以束帛迎劳		鸿胪寺馆驿
	遣使戒蕃主见日		鸿胪寺馆驿
	蕃主奉见（奉辞礼同）		太极殿
	受蕃国使表及币		太极殿
	皇帝宴蕃国主		不限定
	皇帝宴蕃国使		不限定
军礼	亲征类于上帝		太极殿
	亲征宜于太社		太社
	亲征告于太庙		太庙
	亲征祃于所征之地		行宫
	亲征及巡狩郊祭有司軷于国门		都城门
	亲征及巡狩告所过山川		
	平荡寇贼宣露布		朝堂
	遣使劳军将		军营
	皇帝讲武		国都外
	皇帝田狩		田猎之处
	皇帝射于射宫		射殿
	皇帝观射于射宫		射殿
	制遣大将出征有司宜于太社		太社
	制遣大将出征有司告于太庙		太庙

续表六

类	礼名	祭祀时间	祭祀场所
军礼	制遣大将出征有司告于齐太公庙		齐太公庙
	马祖	仲春	马祖坛
	先牧	仲夏	先牧坛
	马社	仲秋	马社坛
	马步	仲冬	马步坛
	合朔伐鼓		都城四门
	诸州合朔伐鼓		州诸门
	大傩（诸州县傩附）		宫城正门、皇城诸门
凶礼	凶年赈抚诸州水旱虫灾		州署
	振抚蕃国主水旱		馆驿
	劳问诸王疾苦		诸王宅第
	劳问外祖父疾苦		外祖父宅第
	劳问皇后父疾苦		皇后父宅第
	劳问诸王妃疾苦		诸王妃宅第
	劳问外祖母疾苦		外祖母宅第
	劳问皇后母疾苦		皇后母宅第
	劳问大臣疾苦		大臣宅第
	劳问都督刺史疾苦		都督刺史宅第
	劳问蕃国主疾苦		馆驿
	中宫劳问外祖父疾苦		外祖父宅第
	中宫劳问诸王疾苦		诸王宅第
	中宫劳问外祖母疾苦		外祖母宅第
	东宫劳问诸王疾苦		诸王宅第
	东宫劳问外祖父疾苦		外祖父宅第

续表七

类	礼名	祭祀时间	祭祀场所
凶礼	东宫劳问诸王疾苦		诸王宅第
	东宫劳问妃父疾苦		妃父宅第
	东宫劳问妃外祖母疾苦		外祖母宅第
	东宫劳问诸妃主疾苦		妃主宅第
	东宫劳问外母疾苦		妃母宅第
	东宫劳问师傅保疾苦		师傅保宅第
	东宫劳问上台贵臣		大臣宅第
	五服制度		
	讣奏		
	临丧		
	除服		
	敕使吊		
	会丧		
	策赠		
	会葬		
	致奠		
	中宫皇太后、皇后等举哀		
	东宫举哀		
	东宫妃举哀		
	三品以上丧礼		
	四品五品丧礼		
	六品以下丧礼		
	王公以下丧通仪		

两《唐书》、《宋史》五礼对比表[1]

两《唐书》	《宋史》
南郊（昊天上帝）	南郊（昊天上帝）
北郊（皇地祇）	北郊（皇地祇）
祈穀	祈穀
感生帝	感生帝
五方帝	五方帝
神州	
雩祀	
明堂	明堂
社稷	社稷
岳镇海渎	岳渎
籍田（帝社）	籍田
先蚕	先蚕
祈雨、祈雪、祈晴	祈禜（祈雨、祈雪、祈晴）
朝日夕月	朝日夕月
山林川泽	山林川泽
九宫贵神	九宫贵神
	高禖
有祭日月星辰	大火
寿星、灵星	寿星、灵星
风伯雨师	风伯雨师
司中、司命	司中、司命

1　不论纪传表志，凡见于这三部史籍者都载入，见于《大唐开元礼》和《政和五礼新仪》者则不载入。其实许多礼仪应当有，只是未见载于此三书。如唐代肯定有贡礼，因为一些纪传中明确记载了外国使人贡事，但两《唐书》却未见明确的“贡礼”记载。

续表一

两《唐书》	《宋史》
司寒	司寒
诸星	诸星
蜡百神	蜡
七祀	七祀
马祖	马祖
	酺神
封禅	封禅
汾阴后土	汾阴后土
	朝谒太清宫
	天书九鼎
文宣王（释奠）	文宣王
武成王	武成王
先代帝王	先代陵庙
神祠	诸神祠
宗庙	宗庙之制
禘祫	禘祫
时享	时享
荐新	荐新
加祖宗谥号	加祖宗谥号
庙讳	庙讳
后庙	后庙
	景灵宫
功臣配享	神御殿功臣配侑
家庙	群臣家庙
上尊号	上尊号仪

续表二

两《唐书》	《宋史》
内禅仪（宪宗）	高宗内禅仪
尊册后太后（皇太妃）仪	上皇太后（皇太妃）册宝仪
册后仪	册立皇后仪
皇帝纳皇后	
册太子仪	册命皇太子仪
皇太子纳妃	
册皇太子妃仪	册皇太子妃仪
册公主仪	公主受封仪
册诸王、诸王妃仪	册命亲王大臣仪
仅有唐玄宗天长节	圣节
降圣节	
	诸庆节
	宴飨
游幸	游观
巡幸	巡幸
赐酺	赐酺
养老	养老
皇帝、皇太子视学	视学
皇太子释奠仪	
	赐进士宴
	幸秘书省
	进书仪
大射礼	大射仪
乡饮酒礼	乡饮酒礼
冠礼	皇太子冠礼（皇子附）

续表三

两《唐书》	《宋史》
笄礼	公主笄礼
公主出降	公主下降仪（宗室附）
亲王纳妃	亲王纳妃
	品官婚礼
	士庶人婚礼
大朝会	大朝会仪
常朝	常朝仪
入閤仪	入閤仪
	明堂听政仪
肆赦仪	肆赦仪（附皇太后垂帘仪）
皇太子元正冬至受群臣贺	皇太子正至受贺仪
皇太子与百官师保相见仪	皇太子与百官师保相见仪
朝仪班序	朝仪班序
转对	百官转对
百官相见仪	百官相见仪制
	录周后
	录先圣后
朝集使于尚书省礼见	群臣朝使宴饯
	朝臣时节馈廪
蕃主来朝以束帛迎劳等礼	外国君长来朝
	契丹夏国使副见辞仪（高丽附）
	金国使副见辞仪
	诸国朝贡
上表仪	群臣上表仪
	宰臣赴上仪

续表四

两《唐书》	《宋史》
任官初上相见仪	
	朝省集议班位
	臣僚上马之制
	臣僚呵引之制
祃祭	祃祭
讲武	阅武
受降	受降
献俘	献俘
田猎	田猎
	打球
合朔伐鼓	救日伐鼓
出师仪制	
宣露布	
山陵	山陵
园陵	园陵
	濮安懿王园庙
	安僖王园庙
	庄文景献二太子攒所
上陵	上陵
忌日	忌日（群臣私忌附）
入吊	外国丧礼及入吊仪
天子为大臣及诸亲举哀、赠赙	诸臣丧葬等仪
	士庶人丧礼
五服制度	服纪

附录三
参考书目

〔法〕安德烈·比尔基埃等主编，袁树仁等译:《家庭史：现代化的冲击》（全三卷），生活·读书·新知三联书店，1998年。

〔法〕弗雷德里克·鲁维洛瓦著，王琪译:《礼貌史》，上海文艺出版社，2014年。

〔美〕大卫·科泽著，王海洲译:《仪式、政治与权力》，江苏人民出版社，2015年。

〔美〕韩森著，包伟民译:《变迁之神：南宋时期的民间信仰》，浙江人民出版社，1999年。

〔日〕金子修一:《中国古代皇帝祭祀的研究》，东京岩波书店，2006年。

〔日〕泷川政次郎:《岩井博士古稀纪念论文集》，岩井博士古稀纪念事业会，1963年。

〔日〕吾妻重二著，吴震编:《朱熹〈家礼〉实证研究》，华东师范大学出版社，2012年。

〔英〕杰西卡·罗森著，邓菲等译:《祖先与永恒：杰西卡·罗森中国考古艺术文集》，生活·读书·新知三联书店，2011年。

〔英〕阿诺德·汤因比著，刘北成、郭小凌译:《历史研究》，上海人民出版社，2005年。
常金仓:《穷变通久：文化史学的理论与实践》，辽宁人民出版社，1998年。
常金仓:《周代礼俗研究》，黑龙江人民出版社，2005年。
陈戍国:《中国礼制史》(全六卷)，湖南教育出版社，2002年。
陈寅恪:《隋唐制度渊源略论稿》，商务印书馆，2011年。
甘怀真:《皇权、礼仪与经典诠释：中国古代政治史研究》，华东师范大学出版社，2008年。
高国藩:《敦煌民俗学》，上海文艺出版社，1989年。
高明士:《中国中古礼律综论》，商务印书馆，2017年。
国立礼乐馆编:《北泉议礼录》，北碚私立北泉图书馆印行部，1944年。
姜伯勤:《敦煌艺术宗教与礼乐文明》，中国社会科学出版社，1996年。
姜广辉:《中国经学思想史》，中国社会科学出版社，2003年。
刘永华:《礼仪下乡：明代以降闽西四保的礼仪变革与社会转型》，生活·读书·新知三联书店，2019年。
柳平生:《当代马克思主义经济正义理论及其实践价值》，社会科学文献出版社，2005年。
马小红:《礼与法》，经济管理出版社，1997年。
茅海建:《近代的尺度：两次鸦片战争军事与外交(增订版)》，生活·读书·新知三联书店，2011年。
彭林:《礼乐人生：成就你的君子风范》，中华书局，2006年。
彭林:《礼乐文明与中国文化精神》，中国人民大学出版社，2016年。
彭林:《儒家礼乐文明讲演录》，广西师范大学出版社，2008年。
彭林:《中国古代礼仪文明》，中华书局，2004年。
彭林:《中国古代礼仪文明》，中华书局，2013年。
彭林:《中华传统礼仪概要》，高等教育出版社，2006年。
皮锡瑞:《经学历史》，中华书局，1981年。
皮锡瑞:《经学通论》，中华书局，1954年。
钱穆:《国学概论》，联经出版事业公司，1998年。
秦晖:《传统十论》，复旦大学出版社，2003年。
瞿同祖:《中国法律与中国社会》，中华书局，1981年。

任爽:《唐代礼制研究》，东北师范大学出版社，1999年。
汤勤福总主编，赵克生主编:《中华礼制变迁史》，中华书局，2022年。
王美华:《礼制下移与唐宋社会变迁》，中国社会科学出版社，2015年。
王启发:《礼学思想体系探源》，中州古籍出版社，2005年。
王震中:《中国古代文明的探索》，云南人民出版社，2005年。
魏永康:《古代礼制文化》，吉林文史出版社，2010年。
吴丽娱:《唐礼摭遗：中古书仪研究》，商务印书馆，2002年。
吴丽娱主编:《礼与中国古代社会》，中国社会科学出版社，2016年。
徐吉军:《中国丧葬史》，江西高校出版社，1998年。
徐旭生:《中国古史的传说时代》，科学出版社，1960年。
杨华:《楚地简帛思想研究》，湖北教育出版社，2005年。
杨志刚:《中国礼仪制度研究》，华东师范大学出版社，2001年。
叶国良:《礼制与风俗》，复旦大学出版社，2012年。
余英时:《余英时文集》第二卷，广西师范大学出版社，2004年。
余英时:《中国知识阶层史论（古代篇）》，联经出版事业公司，1980年。
张鹤泉:《周代祭祀研究》，文津出版社，1993年。
张文昌:《制礼以教天下：唐宋礼书与国家社会》，台湾大学出版中心，2012年。
赵和平:《敦煌写本书仪研究》，新文丰出版公司，1993年。
钟敬文:《民俗学概论》，上海文艺出版社，2009年。
周何:《礼学概论》，三民书局，1998年。
周一良、赵和平:《唐五代书仪研究》，中国社会科学出版社，1995年。
朱凤瀚:《商周家族形态研究（增订本）》，天津古籍出版社，2004年。
朱海滨:《祭祀政策与民间信仰变迁：浙江近世民间信仰研究》，复旦大学出版社，2008年。
朱筱新:《中国古代的礼仪制度》，商务印书馆，1997年。
邹昌林:《中国古礼研究》，文津出版社，1992年。
邹昌林:《中国礼文化》，社会科学文献出版社，2000年。

后　记

接受商务印书馆之约来撰写这本小册子，对我来说是个挑战。因为中华传统礼制涉及内容极为丰富，用区区十来万字撰写一本通俗性小书，还需要较全面、较系统地介绍中华传统礼制各个方面，应当说难度不小。况且，目前已经出版过不少相关著作，如朱筱新《中国古代的礼仪制度》（商务印书馆，1997年）、周何《礼学概论》（三民书局，1998年）、魏永康《古代礼制文化》（吉林文史出版社，2010年）、叶国良《礼制与风俗》（复旦大学出版社，2012年）；彭林著有数书：《中华传统礼仪概要》（高等教育出版社，2006年）、《礼乐人生》（中华书局，2006年）、《儒家礼乐文明讲演录》（广西师范大学出版社，2008年）和《中国古代礼仪文明》（中华书局，2013年），等等，再写一本与众不同的相关小书无疑是考验我对中华传统礼制驾驭的能力。仔细思考后，愚意此书作为“通识性”著作，应当不仅是介绍中华传统礼制的历史状况或具体礼仪，更重要的是让读者从中了解它的发展轨迹，以及为何如此发展的原因，同时要了解如何正确利用中华传统礼制来为当代社会、现代生活服务，使读者通过这小册子获得一些有益的启示。基于这一考虑，本书在结构上做了一些新的设计，力争写出一些与众不同的地方，这也算是一次尝试，并有待于专家、读者的批评指正。

值得说明的是，限于体例要求，行文一律不做注释，但我尽可能点明出处，以便读者查考。也正由于不做注释，本书引证或采纳前辈时贤的观点就无法一一注明，在此向这些作者致以歉意。同时，此书有少量内容曾是与其他学者合作发表过论文改编而成，但也无法具体指明，在此也深表歉意。

从上海师范大学正式退休至今也有很多年了，退休后的这些年来，学校、学院及古籍所的领导仍然对我非常关心，在科研及科研成果推介方面给予大力支持，尤其是陈恒教授、查清华教授、张剑光教授、钟翀教授都做了大量工作，在此向他们致谢！当然也非常感谢湖南大学和岳麓书院，他们这些年给予我很好的条件，使我有一种归属感，因此这几年我发表或出版的一些成果，与他们的大力支持也是分不开的。其中书院领导肖永明教授、陈仁仁教授、杨代春教授给予的关心更多，使我感到非常温暖，谢谢！每次到岳麓书院，各位同仁也极为热情，姜广辉教授、朱汉民教授、殷慧教授、丁进教授、闫建飞副教授等人多次接待或陪伴，其他书院同仁或来接机，或安排住宿，或安排具体工作，也使我感到这个团队的真诚与热心。谢谢岳麓书院的各位同仁。当然，殷慧教授还允许我参与她领衔的国家社科基金重大项目研究，这也使我更有科研动力。

需要强调的是，随着年龄越来越大，身体状况自然大不如前，即使校对稿件这样的小事，限于眼力也力不从心，往往会出现一些问题。好在责任编辑秦原女史非常认真，在编辑中指出拙稿中许多瑕疵，使这本小书避免许多失误。在此向秦原女史表示谢意！

汤勤福

2023年12月29日于上海南郊

光启通识书目

（按出版时间排序）

《封建社会农民战争问题导论》	马克垚 著
《中华传统礼制》	汤勤福 著
《世界地图的故事》	龚缨晏 著
《雅典民主政治》	晏绍祥 著